MARCO POLO

Ägypten

Reisen mit Insider Tipps

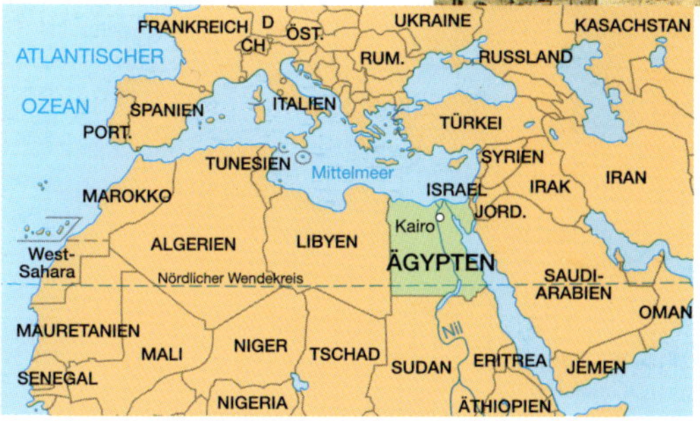

Diesen Reiseführer schrieb Jürgen Stryjak. Er lebt in Ägypten, arbeitet für deutsche Zeitschriften sowie für den ARD-Hörfunk und ist Mitglied im Weltreporter.net.

www.marcopolo.de

Infos zu den beliebtesten Reisezielen im Internet, siehe auch Seite 102

SYMBOLE

Insider Tipp **MARCO POLO INSIDER-TIPPS:**
Von unserem Autor für Sie entdeckt

★ **MARCO POLO HIGHLIGHTS:**
Alles, was Sie in Ägypten kennen sollten

HIER HABEN SIE EINE SCHÖNE AUSSICHT

WO SIE JUNGE LEUTE TREFFEN

PREISKATEGORIEN

Hotels

€€€	über 80 Euro
€€	20–80 Euro
€	bis 20 Euro

Preise für ein Doppelzimmer inklusive Frühstück. Hotels der Oberklasse sind pauschal gebucht erheblich preiswerter.

Restaurants

€€€	über 10 Euro
€€	3–10 Euro
€	bis 3 Euro

Die Preise gelten für ein für das jeweilige Lokal typisches Essen mit Vorspeise, Hauptgericht und Nachtisch ohne Getränke.

KARTEN

[114 A1] Seitenzahlen und Koordinaten für den Reiseatlas Ägypten

[U A1] Koordinaten für die Karte Kairo im hinteren Umschlag

[O] außerhalb des Kartenausschnitts

Karten zu Karnak/Luxor und Theben finden Sie auf Seite 126/127

Zu Ihrer Orientierung sind auch die Orte mit Koordinaten versehen, die nicht im Reiseatlas eingetragen sind.

GUT ZU WISSEN

INHALT

Die wichtigsten Marco Polo Highlights

Sehenswürdigkeiten, Orte und Erlebnisse, die Sie nicht verpassen sollten

1 **Islamische Altstadt**
Weltkulturerbe mit dem Basar Khan Al-Khalili im Zentrum von Kairo, der Besucher in die Märchenwelt aus Tausendundeiner Nacht entführt (Seite 30)

2 **Moschee Al-Azhar**
Die schmuckvolle fatimidische Moschee von 971 in Kairo ist zusammen mit der Universität eines der wichtigsten religiösen Zentren der islamischen Welt (Seite 32)

3 **Moschee Ibn Tulun**
Großartiges architektonisches Meisterwerk islamischer Baukunst in Kairo (Seite 32)

4 **Pyramiden von Giza**
Die drei bekanntesten Monumente Ägyptens in Kairo sollte sich keiner entgehen lassen (Seite 32)

5 **Ägyptisches Nationalmuseum**
Höhepunkte des Kairoer Museums sind der Mumiensaal und die prächtigen Grabbeigaben Tut-ench-Amuns (Seite 34)

6 **Memphis und Saqqara**
Die Stufenpyramide von Saqqara gilt als erstes monumentales Steinbauwerk der Menschheit (Seite 39)

7 **Abu Simbel**
Der Monumentaltempel Ramses' II. (Seite 48)

Grabstätte des Tut-ench-Amun

Tempel von Karnak in Luxor

Urlaubsparadies El-Gouna

8 Karnak-Tempel
Ruinen eines überwältigenden Heiligtums mit einem steinernen Wald aus 134 kolossalen Säulen in Luxor (Seite 52)

9 Luxor-Tempel
Mitten im Stadtzentrum von Luxor: Riesenstatuen, die berühmte Sphingenallee und ein Obelisk (Seite 53)

10 Tal der Könige
Ägyptens berühmteste Grabstätte: der Pharaonenfriedhof von Luxor (Seite 54)

11 Tempel der Hatschepsut
Malerisch fügt sich die berühmte Tempelanlage der Pharaonenkönigin in Luxor in die Berglandschaft ein (Seite 55)

12 Oase Siwa
Die schönste Oase Ägyptens ist ein paradiesischer Garten mit über 200 Quellen (Seite 62)

13 Altstadt Al-Qasr
Ein Muss auf der Oasenrundreise: Der mittelalterliche Festungskern von Dakhla ist nahezu komplett erhalten (Seite 67)

14 Katharinenkloster
Eines der bekanntesten Klöster der Welt steht nach der Überlieferung dort, wo Gott aus dem brennenden Dornbusch zu Moses sprach (Seite 73)

15 El-Gouna
Romantische Lagunen und elegante Hotels direkt am Meer (Seite 80)

★ *Die Highlights sind in der Karte auf dem hinteren Umschlag eingetragen*

Entdecken Sie Ägypten!

Das Land der Pharaonen ist gleichzeitig auch das Land der Taucher, der Sonnenhungrigen, der Wüstenabenteurer und der Bildungsreisenden

Es sind nicht gerade wenige Superlative, mit denen das Land am Nil aufwarten kann. Es gilt als die Wiege der Zivilisation und als die älteste Bürokratie der Menschheit, hier wurde die Steinbauarchitektur erfunden, deren früheste Zeugin, die Stufenpyramide von Saqqara, man noch heute bewundern kann, hier entdeckten Archäologen die ältesten Schriftstücke der Menschheitsgeschichte, und hier kann man das letzte erhaltene Weltwunder der Antike sehen: die Pyramiden von Giza.

Ein Superlativ aber wird selten beachtet: Ägypten ist gleichzeitig das älteste Reiseziel der Welt. Tempel und Pharaonengräber, die mit klingenden Namen wie Ramses, Tut-ench-Amun, Nofretete oder Echnaton verbunden sind, dazu prächtige Moscheen und die Kirchen einer der ältesten christlichen Gemeinschaften der Welt, üppige Gärten am Nil und Wallfahrtsorte im ganzen Land locken seit Jahrtausenden Wissenschaftler und Pilger, Abenteurer oder einfach nur Neugierige hierher. So ist es nur folgerichtig, dass Ägypten auch die Geburtsstätte des modernen Tourismus ist. Thomas Cook, ein praktisch veranlagter britischer Pedant, sah, dass alle wichtigen Sehenswürdigkeiten des Landes in Reichweite des Nilufers liegen, und erfand 1869 die Nilkreuzfahrt. Und damit seine Gäste in der exotischen Fremde immer wussten, woran sie sind, beglückte er sie mit der Pauschalreise. Unterkunft, Verpflegung, Tourguide – alles war im Preis enthalten, außer alkoholischen Getränken.

Sphinx an der Sphingenallee von Luxor – ein Magnet für Millionen von Touristen

Fischer am Qarun-See nahe Fayoum

Touristen von heute haben vor allem ein Problem: Wo sollen sie zuerst hinfahren? Im Süden locken die magische Kultur der Pharaonen und die idyllische Nillandschaft, im Osten bietet das Rote Meer Traumstrände, glasklares Wasser und eine

Geschichtstabelle

Ab 20 000 v. Chr. Am Nil und in den Savannen der heutigen Westlichen Wüste leben Nomaden

Ab 5000 v. Chr. Die Savanne trocknet aus, und die Stämme ziehen in das fruchtbare Niltal

Ab 3300 v. Chr. Erste regionale Königreiche existieren bereits. Die Schrift wird erfunden

Ab 3032 v. Chr. 1. und 2. Dynastie, Pharao Menes gründet Memphis, Beginn der Hochkultur

Ab 2670 v. Chr. Altes Reich, Imhotep baut die Stufenpyramide von Saqqara, später entstehen die Pyramiden von Giza

Ab 2160 v. Chr. Oberägypten wird unabhängig

Ab 2040 v. Chr. Ägypten wird wieder vereint, neue Blütezeit

Ab 1550 v. Chr. Die Tempel in Luxor und Abu Simbel entstehen

332 v. Chr. Alexander der Große erobert Ägypten und gründet Alexandria

31 v. Chr. Kaiser Augustus schlägt Kleopatras Flotte

3. Jh. n. Chr. Ausbreitung des Christentums in Ägypten

639 Amr Ibn Al-'As erobert Ägypten, das Land wird islamisch

Ab 969 Fatimidische Epoche

Ab 1250 Mamlukenherrschaft

Ab 1517 Ägypten wird Provinz des Osmanischen Reichs

1798–1801 Napoleons Ägyptenfeldzug, Beginn der Ägyptologie

1805–48 Muhammad Ali regiert Ägypten und öffnet es nach Europa

1882 Die Briten besetzen Ägypten, ab 1914 Protektorat

1952–56 Die Freien Offiziere stürzen den König; Gamal Abd el-Nasser wird Präsident

1967 Sechs-Tage-Krieg, Ägypten verliert den Sinai

1970 Nasser stirbt, Anwar el-Sadat wird Präsident

1973 Oktoberkrieg gegen Israel

1979 Friedensvertrag von Camp David mit Israel

1980 Ermordung Sadats, Hosni Mubarak wird Präsident

1992–97 Anschläge islamistischer Extremisten auf Touristen und Kopten

Juli 2004 Eine neue Regierung wird vereidigt und beschließt umfassende Wirtschaftsreformen

artenreiche Unterwasserwelt, die zu den beeindruckendsten der Erde gehört. Für Kairo allein bräuchte man Wochen, um alle pharaonischen, römischen, koptischen, fatimidischen und mamlukischen Kunst- und Baudenkmäler zu erkunden, und mindestens Monate, um zu begreifen, wie dieser aberwitzige Schmelztiegel aus Tradition und Moderne wirklich funktioniert. Aber dann gibt es ja noch Alexandria, die alte Dame am Mittelmeer, in die Nostalgiker aus aller Welt hoffnungslos verliebt sind; außerdem die Oasen in der Westlichen Wüste, den biblischen Sinai, den Sinai der Beduinen, den Sinai der Beachurlauber aus Europa und den der Hippies und Aussteiger auf Zeit an den Stränden von Dahab und Tarabin.

» Ägypten ist das älteste Reiseziel der Welt «

Das gesamte Land wirkt, als hätten es die Planer in den großen Reisebüros auf der Suche nach perfekten Kombinationsmöglichkeiten erfunden: Sport und Bildung, Tauchen und Bergwanderungen, extreme Naturerlebnisse und das Großstadtabenteuer im Moloch Kairo. Ägypten reizt Hobbyarchäologen und Bibelkreise, Esoteriker, Völkerkundler und Teenager, die Jetski und Paragliding probieren wollen. Reisende kommen mit dem festen Ziel, einmal im Leben den Tempel von Abu Simbel zu sehen, oder mit nichts anderem im Sinn als nur abzuhängen, in der Sonne zu liegen und braun zu werden. Viele Neulinge unter den Besuchern treffen deshalb die einzig richtige Entscheidung: Sie beschließen schon zu Beginn ihrer Reise, ein zweites Mal herzukommen, und heben sich die anderen Landstriche Ägyptens für später auf. Ägypter haben dafür eine Redensart. Sie sagen,

Sonne, Strand und kristallklares Wasser in Agami bei Alexandria

natürlich metaphorisch gemeint: Wer einmal Nilwasser getrunken hat, kommt immer wieder zurück.

Der Nil ist die Lebensader des Landes. Seit Jahrtausenden beschert er den Ägyptern einen Lebensrhythmus, der ihre Mentalität geprägt hat. Einmal im Jahr überschwemmte die Nilflut das Ackerland und ließ fruchtbaren Schlamm zurück. Die Fellachen bestellten das Feld, brachten die Ernte ein, und mit der nächsten Flut ging der Kreislauf von neuem los – jahraus, jahrein. Kein Alltagsproblem konnte so bedeutend sein, kein Streit, keine Sorge, kein Unglück konnte es geben, das die Ägypter daran zweifeln ließ, dass die Vorsehung sie reich beschenkte. Noch heute haben Ägypter eine Abneigung dagegen, aus dem Niltal wegzuziehen. Sie revanchierten sich ihrerseits mit einem ausbalancierten System an gesellschaftlichen Beziehungen, in dem jeder seinen Platz hatte, angetrieben von den wirklich wichtigen Konstanten im Leben: Geburt, Hochzeit und Tod.

Das erklärt teilweise Eigenschaften der Ägypter, über die Reisende immer wieder erstaunt sind: ihre unendliche Gelassenheit, ihren Humor und ihre ansteckende Freundlichkeit. Wenig kann sie aus der Ruhe bringen. Problemen und ihrem eigenen schlechten Gewissen begegnen sie mit einer Formel, die oft schon in Büchern beschrieben wurde. Sie lautet: IBM. Das I steht für »Insha'Allah« und bedeutet »so Gott will«. Es ist die übliche Antwort selbst auf die Frage, ob die U-Bahn, an der Helwan dransteht und die in Richtung Helwan vor Ihnen einfährt, auch wirklich nach Helwan geht. Das B steht für »bukra«, was »morgen« heißt, aber meistens meint: Was ich heute kann besorgen, kann ich morgen immer noch verschieben, irgendwann wird es schon werden. Das M ist das Kürzel für »malesh« – »tut mir Leid, macht doch nichts, ist nicht so schlimm«.

» Der Nil ist die Lebensader des Landes «

Pedantische Europäer entnervt diese Beschwörungsformel immer wieder – wenn ihnen zum Beispiel ein Händler sagt, dass er »bukra insha'Allah« das T-Shirt mit dem Pharaonenmotiv in der passenden Größe besorgt haben wird, aber dann für den Europäer, der natürlich am nächsten Tag kommt, doch nur ein nettes »Malesh« parat hat. Wer die Lebensbedingungen der Ägypter kennen lernt, begreift jedoch schnell, dass IBM das Gleitmittel im holprigen Alltag ist. Der an vielen Orten nahezu unverschämt zur Schau gestellte Reichtum darf nicht darüber hinwegtäuschen, dass die meisten Ägypter in Verhältnissen leben, die Mitteleuropäer längst in die Verzweiflung getrieben hätten. Mindestens ein Fünftel aller Erwachsenen ist ohne Arbeit. Die Analphabetenrate beträgt über 40 Prozent. Einer Statistik des Gouverneurs von Kairo zufolge leben 25 Prozent aller Hauptstädter in Armenvierteln an den Stadträndern oder auf Friedhöfen und ein Drittel der Familien unter dem Existenzminimum. In den vernachlässigten Provinzen Oberägyptens sieht es eher noch schlechter aus. Viele Ägypter haben zwei Jobs und arbeiten zwölf bis 15 Stunden am Tag. Von dem Geld ernähren sie nicht nur die eigene Familie, sondern auch noch die der arbeitslosen Brüder und Cousins, denn die Familie ist in Ägypten nicht nur Zuflucht, sondern gleichzeitig Verpflichtung. Und in ihr entlädt sich auch Frustration. Bei einer ägyptisch-amerikanischen Erhebung antworteten über 40 Prozent aller befragten Ägypter, dass sie in den letzten fünf Jahren mindestens einmal körperlicher Gewalt ausgesetzt waren, ausgeübt von Familienangehörigen. Das sind doppelt so viele wie in Mexiko oder Westeuropa.

Die Lebensformel der Ägypter lautet: IBM

Angesichts dieses Drucks grenzt es an ein Wunder, dass die Gesellschaft so ausgeglichen ist. Ägypter sind temperamentvoll, aber nicht radikal. Sie neigen zu extremen Emotionen, Freude wie Trauer, aber sie sind alles andere als Extremisten. In den letzten Jahren hat die Religion bei Muslimen wie bei Christen an Bedeutung gewonnen, aber die überwiegende Mehrheit von ihnen verabscheut religiöse Fanatiker zutiefst.

Herzlichkeit ist für Ägypter so normal wie der Gebetsruf, der fünfmal täglich von der Moschee erschallt. Sollte eines von beiden plötzlich fehlen, dann wäre die Welt nicht mehr in Ordnung. Wenn Sie sich also Ihr Ägyptenprogramm zusammenstellen, darf eine Attraktion des Landes auf keinen Fall fehlen: die Menschen. Viele Ägypter sprechen Englisch, einige sogar Deutsch. Sie treffen sie in den Kaffeehäusern des Landes oder in den Clubs von Kairo, in den Basarvierteln, wenn Sie sich verlaufen haben und nach dem Weg fragen, oder in den Beduinensiedlungen an den Küsten des Sinai. Nach der Rückkehr von Ihrer Reise werden Sie die Heiterkeit der Ägypter vermissen.

Das Old Cataract Hotel in Assuan mit grandiosem Blick auf den Nil

Bauchtanz, Götter, Wasserpfeife

Ägypter genießen, fluchen, beten und tanzen. Was Besucher über das Land am Nil wissen sollten, erfahren Sie hier

Bauchtanz

Kaum eine Hochzeit oder ein Clubabend ohne Bauchtanz, kein Ramadan-TV-Programm ohne Prominententalk mit Fifi Abdou, der skandalgewohnten Bauchtanzkönigin des Landes. Selbst Dreijährige beherrschen schon das Kreisen des Bauchnabels zu Musik und heben instinktiv dazu die Arme. Trotzdem hegen die Ägypter eine Art Hassliebe zum *Raqs sharki*, wie der Hüfttanz auf Arabisch heißt.

Sie finden ihn unsittlich, weil er gegen den religiösen Anstand verstößt, aber sie bewundern und verehren seine Superstars. Bauchtanz gehört zur Lebensfreude der Menschen, und das seit Tausenden von Jahren, wie altägyptische Reliefs zeigen. Die frühen Musikfilme der 1940er-Jahre holten die Tänzerinnen heraus aus den verrauchten Nachtclubs auf die Leinwand, aber sie konnten ihren Ruf nur wenig verbessern. Seit Herbst 2003 erhielten ausländische Tänzerinnen keine Arbeitserlaubnis mehr. Die Regierung will damit die einheimischen Künstlerinnen vor der Konkurrenz schützen. Eine australische und eine russische Tänzerin reichten gegen diesen Beschluss Klage bei einem ägyptischen Gericht ein und bekamen im September 2004 Recht.

Der Bauchtanz hat eine uralte Tradition im Land am Nil

Bildung

Die Ägypter sind bekannt für ihren Gleichmut, aber einmal im Jahr hört man ein ganzes Land klagen und stöhnen. Vor den großen Sommerferien wird das dem deutschen Abitur vergleichbare *Thanawiyya aama* abgelegt, Schüler und Eltern stehen am Rande des Nervenzusammenbruchs. In den staatlichen und vielen privaten Schulen wird weder kritisches Denken noch das Lösen von Problemen gelehrt, sondern auswendig gelernt. Die Lehrer bessern ihr Monatsgehalt von 80 Euro mit Privatstunden auf, für die Ägyptens Eltern mehrere Millionen Euro pro Jahr ausgeben. Vor allem während dieses Nachhilfeunterrichts erfahren die Schüler das nötige Prüfungswissen. Wochenlanges stoisches Memorieren ist die Folge, jeder Satz muss in der Prüfung sitzen. Die Abiturnote entscheidet über den Studienplatz, Kreativität schadet da eher.

Gastfreundschaft

Sobald ein Gast das Haus oder das Zelt betritt, so lautet eine alte Beduinenregel, soll man ihn mindestens drei Tage lang wie ein Mitglied der Familie behandeln. Er muss beköstigt, beschützt und notfalls gekleidet werden. Auch heute noch ist die Gastfreundschaft der Ägypter nahezu legendär. Die Chance, dass Einheimische Sie nach Hause zum Essen einladen, ist gar nicht so klein. Bevor Sie eine Einladung zu Ägyptern nach Hause annehmen, sollte sie mindestens dreimal ausgesprochen sein, und selbst dann kann es passieren, dass die Gastgeber Ihnen zuliebe mit einem opulenten Mahl die Haushaltskasse für Monate im Voraus ruinieren. Bringen Sie ein kleines Geschenk mit, Gebäck oder frisches Obst, und vor allem Hunger, denn es gibt für die Gastgeber kein größeres Lob, als wenn Sie reichlich essen!

Götter

Diesseits und Jenseits waren für die alten Ägypter zwei Daseinsformen eines größeren Ganzen, getrennt nur durch ein Totengericht, das über die Aufnahme der Verstorbenen ins Jenseits befand. Diesem Gericht stand Osiris vor, Herr der Unterwelten und gleichzeitig Gott der Wiedergeburt. Isis, Muttergottheit sowie Gattin und Schwester des Osiris, hatte seinen von Seth ermordeten und zerstückelten Leichnam eingesammelt und zu neuem Leben erweckt. Isis gebar ihm auch einen Sohn, Horus, den Gott mit dem Falkenkopf, der als erster Pharao den Thron bestieg und somit alle folgenden Pharaonen direkt zu Osiris in Beziehung setzte und gottgleich machte.

Zu den zahlreichen Göttern der Pharaonenzeit gehörten Hathor, die Göttin der Fruchtbarkeit und der Liebe, oft in Kuhgestalt abgebildet, sowie der zum Gott erhobene Baumeister der Stufenpyramide von Saqqara, Imhotep, Schutzherr seiner Zunft sowie derer der Ärzte, außerdem Amun, der thebanische Reichsgott und Schöpfer der Welt.

Hieroglyphen

Funde eines Teams des Deutschen Archäologischen Instituts, das seit 1988 in Abydos gräbt, legen es inzwischen nahe, dass sich die Schrift der alten Ägypter tatsächlich ohne den Einfluss der Sumerer aus dem Zweistromland entwickelte. Die Zeichen, die das Team auf unzähligen Täfelchen und Scherben fand, sind eindeutig Vorläufer jener späteren Hieroglyphen, die Champollion anhand des dreisprachigen Steins von Rosetta 1822 übersetzte.

Schrift wurde anfangs weder für heilige Texte noch für Geschichtsepen, sondern vor allem für Inventarlisten, Steuervermerke oder Namensetiketten verwendet. Sie ist Produkt eines beeindruckenden Verwaltungsapparats, den man ohne Übertreibung als die älteste Bürokratie der Welt bezeichnen kann.

Islam

Neun von zehn Ägyptern sind Muslime. Die Bedeutung der Religion im Alltag wird auf Schritt und Tritt deutlich. Fünfmal am Tag ertönt der Gebetsruf aus den Lautsprechern der Moscheen und Gebetsräume. Die Scharia, das islamische Recht, ist eine Quelle der Gesetzgebung, neben dem Bürgerrecht, das sich jedoch immer mehr an der Scharia orientiert. Eheschließungen

Grabstätte des Tut-ench-Amun in Luxor mit Hieroglyphen an den Wänden

und Bestattungen werden nach islamischem Ritus vollzogen. In kaum einem Restaurant gibt es Schweinefleisch. Jeder fromme Muslim erfüllt fünf Grundgebote: Er leistet ein Bekenntnis zu Gott (arabisch: Allah) und zum Propheten Mohammed, betet fünfmal pro Tag, fastet im Monat Ramadan, leistet eine Armensteuer und pilgert einmal im Leben nach Mekka. Die heilige Schrift, der Koran, wurde dem Propheten Mohammed vor über 1300 Jahren offenbart. Juden und Christen werden in ihm als Vorläufer, als »Leute des Buchs«, respektiert.

Kopten

Acht Prozent aller Ägypter sind Christen. Im 2. Jh. war das Nildelta bereits christianisiert. Die Kopten, Ägyptens orthodoxe Christen, stellen deshalb eine der ältesten christlichen Glaubensgemeinschaften der Welt dar. Das Verhältnis zur muslimischen Bevölkerungsmehrheit ist gespannt. Die Regierung beschwört die Einheit des ägyptischen Volkes, und viele Ägypter aller Glaubensrichtungen stimmen dem vorbehaltlos zu. Trotzdem kommt es in Oberägypten manchmal auch heute noch zu gewalttätigen Konflikten zwischen Muslimen und Kopten. Die Kopten sind ähnlich stark an Traditionen orientiert wie der Rest der Ägypter, so werden z. B. auch bei ihnen weibliche Beschneidungen durchgeführt.

Moschee

Das islamische Gebetshaus ist – anders als die christliche Kirche – keine sakrale Stätte, sondern vor allem ein praktischer, sauberer und stiller Ort für das Gebet, einzeln oder in der Gruppe. Gleichzeitig dient die Moschee als Treffpunkt, zum Ausruhen und Meditieren sowie als Anlaufpunkt für Reisende. Auf Grund des islamischen Bilderverbots sind Moscheen vorwiegend mit kunstvollen Kalligrafien verziert. Außerhalb der Gebetszeiten können Sie fast alle Moscheen bedenkenlos besichtigen, wenn Sie die Stille re-

Mönch im koptischen Kloster Deir Amba Bishoi in Wadi Natrun

spektieren, keine aufreizende Kleidung tragen und Ihre Schuhe am Eingang ausziehen. Zu den wenigen Ausnahmen gehören die Hussein-Moschee und die Moschee Sayyida Zeinab in Kairo. Sie sind heilige Wallfahrtsorte, Nichtmuslime also eher unerwünscht. Manchmal werden den Besucherinnen Tücher am Eingang gereicht, mit denen sie ihr Haar bedecken können.

Musik

Kairo ist die »Hitfabrik« des Nahen Ostens. In schneller Folge werden immer neue Kassetten – und einige CDs – auf den Markt geworfen, inklusive Musikvideo. Superstar seit einigen Jahren ist Amr Diab, der Bestverdiener unter den arabischen Popmusikern. In Ägypten sehr beliebt, aber auch in Deutschland einer kleinen Fangemeinde bekannt, ist Mohammed Mounir. Er mixt nubische Klänge mit gefälligem Jazz zu Ohrwürmern, gelegentlich eingespielt von deutschen Gastmusikern. Nie wieder nach ihr konnte jedoch jemand die Zuhörer so begeistern wie die Sängerlegende Umm Kulthum. Bei ihrem Tod 1975 folgten 2 Mio. Menschen auf Kairos Straßen dem Sarg.

Politisches System

Verglichen mit ehemaligen Ostblockstaaten oder anderen arabischen Ländern ist Ägypten eine Oase der Liberalität. Es gibt Oppositionsparteien, turbulente Parlamentsdebatten, und vor einigen Jahren erklärte das oberste Verfassungsgericht das Parlament sogar für unrechtmäßig und löste es auf – wegen Formfehlern bei der Wahl. Über weite Strecken funktioniert die politische Landschaft jedoch nach dem Prinzip Pharao. Der Präsident besitzt ein Einspruchsrecht bei allen Gesetzen, er setzt sämtliche Gouverneure in den Provinzen persönlich ein, ernennt Minister und verhängt den Ausnahmezustand – der jetzige gilt seit 1981. Seit jenem Jahr regiert Hosni Mubarak als Präsident das Land, inzwischen in der vierten Amtsperiode. Seine Regierungspartei besitzt die absolute Mehrheit im Parlament.

Ramadan

Im muslimischen Fastenmonat ist alles anders. Einmal im Jahr für vier Wochen folgt das gesamte öffentliche und private Leben in Ägypten Regeln, die wenig mit denen der übrigen Zeit gemein haben. Zwischen Sonnenaufgang und Sonnenuntergang verzichten nicht nur die besonders gläubigen Muslime auf Speisen, Getränke, Sex, Parfüm und Nikotin. Auch weniger fromme bleiben vom Ramadan nicht unberührt und versuchen wenigstens für ein, zwei Wochen mitzufasten. Alle Geschäfte, Ämter und Firmen schließen drei Stunden vor Sonnenuntergang, und zum Zeitpunkt des Fastenbrechens, des *Iftars*, herrscht Totenstille auf den Straßen, selbst in Kairo, alles sitzt daheim am Essenstisch. Das Mahl fällt besonders festlich aus, man lädt sich gegenseitig ein und feiert. Die Zeit bis zum *Suhur*, dem letzten Mahl in der Nacht, verbringt man in den Kaffeehäusern oder in speziellen Festzelten bei Wasserpfeife, Tee und Kaffee. Die Straßen sind mit Ramadanlaternen und Girlanden geschmückt. Der Ramadan endet mit dem dreitägigen Fest des Fastenbrechens, dem *Eid Al-Fitr*.

Shisha

Die drei wichtigsten Geräusche eines typischen ägyptischen Kaffeehauses sind das Scharren der kleinen Metalltischchen, die zu immer wieder neuen Gruppen zusammengestellt werden, das Klappern der Backgammonspiele sowie das ununterbrochene Blubbern der Wasserpfeifen. Mediziner werden nicht müde zu behaupten, dass der Rauch der Shisha dreimal schädlicher sei als Zigarettenrauch. Doch die Wasserpfeife erfreut sich ungetrübter Beliebtheit. Seit vor einigen Jahren bekannt wurde, dass über ihr Mundstück Krankheiten wie Hepatitis A übertragen werden können, verteilen die Kaffeehäuser Einwegmundstücke aus Plastik. In einigen Cafés trennt man die glühende Holzkohle mit Alufolie vom Tabak, sodass nur der reine Tabakrauch eingeatmet wird. Den gibt es mit den verschiedensten Aromen, z. B. Apfel, Pfirsich und Cappuccino.

Wirtschaft

In den 1990er-Jahren sahen Fachleute in Ägypten ein hoffnungsvolles Schwellenland. Das Reisegeschäft florierte. Doch dürftige Exporterlöse und Misswirtschaft führten das Land in eine Krise, die nach dem Terrorattentat in New York und der damit verbundenen weltweiten Rezession sowie dem Einbruch im Tourismusgeschäft, besonders auf Grund des Irakkriegs im Frühjahr 2003, noch verschlimmert wurde. Die Krise hält seit nunmehr 1999 an. Im Februar 2002 bewilligte eine internationale Gebergemeinschaft in Sharm El-Sheikh neue Milliardenkredite, um das Land am Nil stabil zu halten.

Haupteinnahmequellen Ägyptens sind der Tourismus, die Überweisungen der ägyptischen Gastarbeiter aus dem Ausland, die Suezkanalgebühren sowie die Erlöse aus dem Ölexport.

Knusprig, würzig und gesund

Seit Ewigkeiten wird gegessen, was im fruchtbaren Niltal wächst. Das hat die Ägypter zu Meistern der vegetarischen Küche gemacht

Die ägyptische Küche steht gewissermaßen auf zwei Beinen: *Fuul* und *Taamiyya*. Früher oder später wird irgendein Ägypter Sie garantiert fragen, ob Sie schon Fuul und Taamiyya gegessen haben. Dabei hat er wahrscheinlich ein skeptisches Grinsen im Gesicht, denn Ägypter können sich oft nicht vorstellen, dass es Ausländer gibt, die sich für diese Speisen begeistern.

Fuul ist ein dicker Brei aus stundenlang gekochten, braunen Saubohnen, abgeschmeckt mit Sesamsauce, Zitrone, verschiedenen Gewürzen, Öl und manchmal auch Tomate. Taamiyya sind knusprige, frittierte Gemüsebällchen, die Falafeln ähneln, aber einen höheren Anteil an zerstampftem Bohnenkraut aufweisen. Beide Speisen gelten als Arme-Leute-Essen. Irgendjemand hat ausgerechnet, dass allein an den fahrbaren Imbisswagen des Landes täglich 3 Mio. Portionen Fuul verkauft werden, im Fladenbrotsandwich mit Gemüse oder auf einem kleinen Blechteller, für etwa 5 Cent. Auch Friedensnobelpreisträger Mohammed Anwar el-Sadat war ein bekennender Fan von Fuul. Die beiden vegetarischen Speisen sind ausgesprochen nährstoffreich, gesund und deshalb typische Frühstücksgerichte. In verschiedenen Variationen sind sie selbst in Luxusrestaurants zu haben, zum Beispiel als Fuul mit Ei und *Pasterma,* einem getrockneten Schinken im dicken Gewürzmantel, der in den Läden meistens an der Luft hängt, im Ofen überbacken.

Das Café Fishawi in Kairo ist eine Institution unter den Kaffeehäusern, das auch Frauen besuchen

Zu allen Speisen gehört Fladenbrot, das die Ägypter *Aish* – Leben – nennen. *Aish baladi,* Landbrot, ist dunkel und aus dem vollen Korn gebacken. Eine köstliche, aber seltene Spezialität ist das *Aish shamsi,* das Sonnenbrot, das in Oberägypten und in den Oasen gegessen wird. Man lässt den Fladen tagsüber im heißen Wüstensand aufgehen und backt ihn abends für fünf Minuten im gerade erloschenen Ofen. Fladenbrot wird zu Saucen gegessen, zu Suppen, zu Fleisch und Eintöpfen oder zu *Pasterma.* Oft ersetzt das Brot den Löffel.

Viele kleine Nebengerichte, die man schon kaum noch als Vorspeisen bezeichnen kann, lockern jede Mahlzeit auf, unter ihnen die lecke-

Ägyptische Spezialitäten

Lassen Sie sich diese Köstlichkeiten gut schmecken!

Speisen

Baba Ghannug – Püree aus gegarten Auberginen und Tahina

Baklawa – mit Nüssen gefüllte Teigpasteten

Fassuliya – Bohnen in Tomatensauce

Fatier – die ägyptische Variante der Pizza aus dünnem, knusprigem Blätterteig, süß oder würzig belegt bzw. gefüllt

Fatta – aus Fladenbrot, Fleisch und Reis aufgeschichtetes Gericht, mit Brühe durchtränkt

Fesikh – gepökelter Fisch, der besonders zum Fest Sham Al-Nessim im Frühling gegessen wird

Kebab – gegrilltes Kalb- oder Hammelfleisch am Spieß

Kufta – gegrillte Fleischröllchen vom Rind oder Hammel

Kunafa – Kuchen aus gebackenen Fadennudeln mit Nüssen und Sirup

Kushari – Nudelgericht mit Linsen, Röstzwiebeln, Reis, einigen Kichererbsen sowie einer würzigen Tomatensauce

Lahma bi-khudaar – Fleischeintopf mit Saisongemüse

Mahallabiyya – Pudding aus Reismehl

Molokhiyya – Nationalgericht, bei dem aus einem Kraut, das der Brennnessel ähnlich ist, eine grüne, schleimige Suppe zubereitet wird

Pasterma – Formschinken aus gedörrtem Rind- oder Kamelfleisch im Gewürzmantel

Shawarma – die arabische Variante des Döner Kebab

Shish Tawuk – gegrilltes, entbeintes Hähnchen

Shorbet Ads – typische ägyptische Linsensuppe

Umm Ali – Nachtisch aus Blätterteig, mit Sahne, Nüssen und Rosinen überbacken

Wara ainab – Weinblätter, gefüllt mit würzigem Reis

Getränke

Assier 'assab – Zuckerrohrsaft

Helba – heißes Getränk aus gekochtem Bockshornklee

Karkadeh – stark gesüßter Malvenblütentee, wird heiß oder kalt getrunken

Sachleb – süßes Milchgetränk mit Nüssen, Maisstärke und geraspelten Kokosnüssen

ren Saucen und andere kalte Speisen, die man in Ägypten auch *Mezzen* nennt. Am populärsten sind *Tahina*, eine ölige Sesampaste, sowie *Hummus*, ein Kichererbsenpüree, und *Baba Ghannug*. Probieren Sie unbedingt auch die *Mahshi*-Gerichte, die aus gefüllten Kohl- oder Weinblättern bestehen. Abgerundet wird jedes Gedeck mit einem kleinen Teller *Turshi*, salzig eingelegten Zwiebeln, Radieschen, Möhren und anderem Gemüse.

Die warme Hauptmahlzeit des Tages essen Ägypter am späten Abend, nicht selten erst gegen Mitternacht, auch in Restaurants. Am Tag vertreiben sie den Hunger mit Sandwiches.

Die ägyptische Fleischküche ist nicht besonders abwechslungsreich. Seit Jahrtausenden kommt auf den Tisch, was das Niltal hergibt, und das ist vor allem Gemüse und Reis. Fleisch ist immer noch für viele Ägypter unerschwinglich und auch in den Armenvierteln oft teurer als in Europa. Fleisch wird als Kebab, Kufta, Hähnchen oder Taube auf Holzkohle gegrillt.

Typisch für Oberägypten sind die so genannten *Tagin*, die südlich von Kairo *Tadschin* ausgesprochen werden, Fleisch-Gemüse-Töpfe aus dem Ofen. Besonders lecker: *Bamia-Tagin* mit Okraschoten und Tomaten. Die grüne Suppe *Molokhiyya*, ein ägyptisches Nationalgericht, wird ebenfalls am besten in Oberäypten zubereitet und ist dort in fast jedem Restaurant, von einfach bis Luxus, erhältlich, auch wenn sie nicht auf der Speisekarte steht. Fragen Sie den Kellner danach!

Nach dem Essen wird starker Mokka in kleinen Tassen bzw. Gläsern serviert oder Schwarztee, nur mit Zucker als *Shai*, mit Pfefferminzblättern als *Shai bi-nana*. Der Tee wird häufig in den Kaffeehäusern eingenommen. Komischerweise denkt man dort oft, Touristen würden Teebeutel bevorzugen. Bestellen Sie deshalb *Shai ala bosta*, nach Art des Postmanns, wenn Ihnen richtiger Tee aus aufgebrühten Blättern lieber ist! Der Mokka kommt als *Ahwa masbut* mittelmäßig gesüßt oder *als Ahwa sada* ohne Zucker.

Für Liebhaber frisch gepresster Obstsäfte ist Ägypten ein Paradies. Überall gibt es billige Säfte, für die das Fruchtfleisch oft einfach nur püriert ist. Besonders schmackhaft: frische Mangosäfte zwischen Juli und November. Von den in Ägypten gekelterten Weinen sind der rote *Obélisque* und der weiße *Giannaclis* die besten. Neben den einheimischen Bieren *Stella* und *Sakara* werden im Land auch die Marken *Löwenbräu* und *Carlsberg* gebraut.

Schauen Sie in den Restaurants bitte unbedingt auf das klein Gedruckte der Speisekarten. Oft müssen Sie zum Preis noch verschiedene Steuern und Gebühren hinzuaddieren, die manchmal bis zu 21 Prozent ausmachen können. Bessere Cafés und Gaststätten erheben zudem nicht selten einen Mindestverzehr. Egal, was Sie essen oder trinken, Sie müssen dann auf jeden Fall die *Minimum Charge* zahlen.

Vergessen Sie nicht, dem Kellner, der Sie bedient hat, ein, zwei Pfund Trinkgeld zuzustecken – nebem jenem Trinkgeld, das Sie dem kassierenden Kellner geben. Besonders in touristenarmen Zeiten ist Bakschisch die einzige Einnahmequelle, sogar für fest angestelltes Restaurantpersonal.

Gewürze und Stoffe, Silber und Gold

Basare, Märkte und Ladenstraßen sind bunte, lärmende Feste für die Sinne

Für viele ist Ägypten ein Shoppingerlebnis, für andere ein Albtraum: Sie werden auf den Basaren angesprochen, müssen feilschen und wissen am Ende nie, ob sie übers Ohr gehauen wurden oder nicht. Lassen Sie sich davon nicht abschrecken, die Ägypter handeln auch. Bieten Sie getrost nur zwei Drittel bis die Hälfte dessen, was der Händler haben möchte. Irgendwo in der Mitte werden Sie sich treffen. Grundregel: Je touristischer das Angebot, desto mutiger sollten Sie handeln. Bleiben Sie freundlich, flechten Sie einen Witz in die Unterhaltung mit ein! Das beeinflusst den Preis. In Krämerläden, Supermärkten und Shopping Malls ist Handeln unüblich bis verpönt.

Exzellentes ägyptisches Kunsthandwerk finden Sie fast überall. Auf dem Khan El-Khalili in Kairo residieren die Metallschmiede in einer ganzen Straße, stundenlang kann man dort zwischen kunstvoll verarbeiteten Lampenschirmen, Tellern, Schalen oder Tabletts aus Kupfer und Messing verbringen.

Beliebt sind auch Kissenbezüge und Wandteppiche aus derbem Stoff mit aufgenähten Applikationen. Oft können Sie den Handwerkern zuschauen und sich Stücke nach Ihren Ideen anfertigen lassen. Die Werkstatt NADIM ist im ganzen Land bekannt für ihre prächtigen Holzarbeiten *(www.nadim.org)*, Teetischchen, Koranständer oder Bilderrahmen im orientalischen Mashrabiyya-Design, ohne Nägel und Schrauben zusammengefügt. Möchten Sie sich eine Wasserpfeife mitbringen, dann stellen Sie sich Ihr persönliches Design zusammen! Den besten Silberschmuck fertigen die Beduinen in der Oase Siwa an. Die betörend schönen Armreifen, Ketten und Ringe sind begehrte Sammlerstücke.

Vasen, Brieföffner, Dosen und Statuen aus Alabaster kaufen Sie am besten in Luxor, denn hier werden sie hergestellt. In Luxor und Assuan finden Sie auch die besten Gewürze – und den besten Karkadeh. Ein originelles Mitbringsel sind Koranrezitationen und arabische Popmusik. Die Kassetten kosten zwischen 1 und 2 Euro. Versäumen Sie es auch nicht, einen Blick in die moderneren Boutiqen zu werfen! Ägypten ist berühmt für seine Baumwolle, und die Stücke sind hervorragend verarbeitet.

Aus Ägypten nicht wegzudenken: die beliebte Wasserpfeife

Feste, Events und mehr

Religiöse Prozessionen, Volksfeste, Konzertabende

Für Europäer schwer verständlich, aber wahr: Dem entbehrungsreichen Fastenmonat Ramadan sehen Ägypter mit einer Vorfreude entgegen wie wir Weihnachten.

Lightshow: illuminierter Sphinx

Vier Wochen wird nachts gefeiert, gebummelt, in den Kaffeehäusern gesessen und in den Moscheen gebetet. Der Beginn des Ramadan richtet sich nach dem Neumond, die Mondsichel muss mit bloßem Auge erkannt werden. Folgende Anfangsdaten sind deshalb Richtwerte und können, wie bei allen anderen islamischen Feiertagen, um einen Tag abweichen: 5. Oktober 2005, 24. September 2006.

Ein typisches ägyptisches Ereignis sind die Heiligenfeste, die so genannten *Moulids*. Die Plätze vor den Moscheen sind geschmückt, Kinderkarussells und Schaukeln werden aufgebaut und bunte Umzüge veranstaltet. Meist mehrere Tage lang treten Feuerschlucker und Schlangenbeschwörer auf, und Sufis tanzen sich in Trance.

Feiertage

1. Januar *Neujahrstag;* **25. April** *Befreiung des Sinai;* **1. Mai** *Tag der Arbeit;* **18. Juni** *Jahrestag des Abzugs der britischen Truppen;* **23. Juli** *Jahrestag der Revolution von 1952;* **6. Oktober** *Jahrestag der Überquerung des Suezkanals im Oktoberkrieg*

Religiöse Feste

3. November 2005, 24. Oktober 2006 *Eid Al-Fitr*: Fest zum Ende des Ramadan, drei Tage arbeitsfrei

10. Januar 2006 *Eid Al-Adha*: Opferfest, vier, selten fünf Tage arbeitsfrei

7. Januar *Koptische Weihnachten*

11. April 2006 *Moulid Al-Nabi:* Geburtstag des Propheten Mohammed

März/April *Koptisches Osterfest*

1. Montag nach dem koptischen Osterfest *Sham Al-Nessim:* Frühlingsfest, übersetzt etwa: der Duft der Frühlingsbrise

31. Januar 2006 *Ras As-Sanna:* Islamisches Neujahrsfest

Moulids
18. September 2005, 7. September 2006
Moulid Abu Al-Haggag: Festumzug in Luxor mit alter pharaonischer Tradition
ab Mitte Mai 2006
Insider Tipp *Moulid Sayyidna Hussein:* Festumzug und mehrtägige Festivalstimmung vor der Hussein-Moschee in Kairo, mit mehreren Hunderttausend Besuchern, die aus ganz Ägypten anreisen und teilweise auf dem Vorplatz kampieren.

Feste und Veranstaltungen

Januar
Die *Buchmesse Kairo*, die zweitgrößte der Welt nach der Frankfurter Buchmesse, lockt in jedem Jahr Hunderttausende Ägypter auf das Messegelände.

August
Den gesamten Monat über findet der *Konzertsommer* auf der Zitadelle statt – klassische Musik unter freiem Himmel.

September
Internationales Festival des experimentellen Theaters: Theatergruppen aus aller Herren Länder zeigen ihr Können.

November
Downtown Art Festival – die Innenstadt wird zur Kunstzone. An mehreren Veranstaltungsorten finden Ausstellungen und Kunstaktionen statt.

November/Dezember
Internationales Filmfestival Kairo: Zwei Wochen lang werden internationale Filme mit unterschiedlichen Schwerpunkten gezeigt.

Festlich geschmückte Moschee

Big Mango am Nil

Kairo ist eine der größten Städte der Welt und ein atemberaubender Ort der Kontraste

Karte in der hinteren Umschlagklappe

Nur vom Flugzeug aus wird die Dimension dieser Megalopolis [114 C5] deutlich. Wie ein riesiger Teppich liegt die größte Stadt Afrikas ausgestreckt in der Sahara, ausgefranst an den Rändern, geflickt und ausgebessert in der Mitte, ein gigantisches Patchworkmuster der Zivilisation. Endlos ziehen sich die Wohnviertel bis zum Horizont, aufgelockert von Moscheen, Minaretten und Magistralen, gleichmäßig von einem sandfarbenen Schleier bedeckt. In der Mitte zerschneidet der Nil die Betonlandschaft, eine von Wolkenkratzern gesäumte Lebensader, ohne die Kairo inmitten der Wüste nicht existieren würde.

Im Norden, auf der Ostseite des Nils, wurde vor über 6000 Jahren die Gründung der Siedlung *On* sorgfältig registriert – inklusive der Sternenkonstellation an jenem Tag, aus der Astronomen ein Datum verifizieren konnten: den 19. Juli 4241 v. Chr. Es stellt das erste wirkliche Kalenderblatt in der Menschheitsgeschichte dar. 35 km südlich davon, auf der Westseite des Nils und 1200 Jahre später, entstand Memphis, die Hauptstadt des ersten geeinten und damals bereits

Abendzauber: Blick auf die Alabastermoschee

Hussein-Moschee am Basar

ungewöhnlich hoch entwickelten Pharaonenreichs. Dazwischen wuchs über die Jahrtausende eine Metropole heran, in der heute mindestens 17 Mio. Menschen leben.

Kairo wirkt wie ein Staubsauger: Jeder vierte Ägypter wohnt bereits in der Hauptstadt, und täglich kommen mehr, Zehntausende jeden Monat, die meisten von ihnen aus der Provinz. Sie lassen sich in den Shantytowns am Stadtrand nieder oder auf den Friedhöfen und Dächern der Stadt. Über 170 Armenviertel existieren in und um Kairo.

Die Stadt, behaupten Zyniker, sei vor allem Schall und Rauch. Ein ununterbrochenes Lärmkonzert erreicht fast jeden Winkel, gespielt auf Instrumenten wie Autohupen, plärrenden Fernsehern und den Lautsprechern an 1000 Minaretten und an einer noch größeren Anzahl von Laden- und Kellermoscheen, aus denen sich fünfmal am Tag der Gebetsruf wie ein geheimnisvoller Ka-

Eine Stadt in der Stadt: das Basarviertel Khan El-Khalili in Kairo

non über die Viertel legt. Eine Dunstglocke aus Auto- und Fabrikabgasen bedroht die Substanz jahrhundertealter Bauwerke, angereichert durch den fein zermahlenen Schlemmsand aus dem Niltal, der erbarmungslos durch jede noch so kleine Ritze dringt. Garküchen, Handwerksbuden und Kassettenkioske nehmen die Bürgersteige in Beschlag, durch die Straßen und Gassen quält sich der Verkehr. Kaum ein Meter dieses eng besiedelten Großraums bleibt ungenutzt. Nichts wird in dieser Stadt preisgegeben, es sei denn dem Verfall.

Aber Kairo besitzt einen Reichtum, für den man Monate bräuchte, um ihn zu entdecken und voll auszukosten. Einige der bedeutsamsten und schönsten Moscheen des Islam kann man hier sehen, 1000 Jahre alte Kirchen, das weltberühmte Altstadtviertel Khan El-Khalili – und natürlich die Pyramiden von Giza. Kein Ort in der arabischen Welt hat mehr Restaurants, Bars und Kaffeehäuser. Kaum sonst irgendwo treffen die Gegensätze einer Welt am Beginn des neuen Jahrtausends so unvermittelt aufeinander wie hier.

Glitzernde Shopping Malls stehen neben bunten arabischen Märkten. Auf dem Bordstein bietet ein Bauer aus Oberägypten im traditionellen weiten Männerkleid geröstete Maiskolben an, auf der anderen Straßenseite steht ein Riesenbildschirm, auf dem ununterbrochen Werbeclips dudeln. Während die einen Fladenbrot billig am staubigen Straßenrand von fliegenden Händlern kaufen, diniert die Upperclass französisch im 41. Stock des Grand Hyatt Hotels am Nil, in einem rotierenden Restaurant.

Al-Qahira, die Siegreiche, heißt Kairo auf Arabisch. In den Geschichten aus Tausendundeiner Nacht wird sie auch *Umm Al-Dunia* genannt, die Mutter der Welt. In den letzten Jahren ist ein neuer Spitzname hinzugekommen: Big Mango, in Anlehnung an Big Apple für New York. Wie eine reife, oft überreife Frucht bietet die Metropole Genüsse und Eindrücke für jedes Sinnesorgan.

Die Nacht sollten Sie bei Ihrem Kairobesuch auf jeden Fall mit einplanen: zum Bummeln, Einkaufen und Ausgehen. Die Stadt beginnt den Tag nach Einbruch der Dunkelheit ein zweites Mal. Geschäftsviertel und Shopping Malls sind bis kurz vor Mitternacht belebt, Kaffeehäuser, die Nilpromenaden und die Gartencafés ebenfalls. Der Tag kann ganz den Sehenswürdigkeiten gehören. Für Stadtteile wie die Islamische Altstadt oder das Koptische Viertel sollten Sie unbedingt mindestens einen halben Tag veranschlagen.

SEHENSWERTES

Basar Khan El-Khalili [U E3]
Das weltberühmte Viertel westlich des Midan El-Hussein ist gewissermaßen die Mutter aller Basare, ein unüberschaubares Gewirr an verwinkelten Straßen und Gassen, mit Hunderten von Läden, Werkstätten und Kaffeehäusern. Der Blick in die Seitengassen und Hinterhöfe abseits der Touristenpfade lohnt auf jeden Fall. Im Areal am Hussein-Hotel und in der Gasse *Sikket Al-Badestan* haben sich die Händler auf orientalische Souvenirs spezialisiert. Um die Hussein-Moschee herum werden Gebetsteppiche und -ketten, islamischer Wandschmuck und Koranausgaben verkauft. Die *Sharia Al-Mu'izz Li-Din Allah* östlich der Sharia El-Muski gehört den Messing-, Kupfer-, Gold- und Silberschmieden.

MARCO POLO Highlights »Kairo«

★ **Memphis und Saqqara**
Stufenpyramide und Kolossalstatue Ramses' II. (Seite 39)

★ **Koptisches Viertel**
Einige der schönsten und ältesten Kirchen (Seite 31)

★ **Moschee Ibn Tulun**
Ein Meisterwerk früher islamischer Architektur (Seite 32)

★ **Ägyptisches Nationalmuseum**
Die weltweit umfangreichste Sammlung mit Funden aus der Pharaonenzeit (Seite 34)

★ **Islamische Altstadt**
Eintauchen in den unverfälschten Orient (Seite 30)

★ **Museum of Islamic Art**
Kunst- und Kultur aus 1300 Jahren islamischer Geschichte (Seite 35)

★ **Pyramiden von Giza**
Das letzte noch existierende Weltwunder der Antike (Seite 32)

★ **Moschee Al-Azhar**
Die älteste Moschee des islamischen Kairo (Seite 32)

Börsenviertel [U D3]
Vor 60 bis 100 Jahren entwarfen italienische und französische Architekten jenes Kairo, das ihm den Beinamen Paris am Nil einbrachte. Viele Häuser verfielen, das Börsenviertel aber mit seinen eleganten, arabisch beeinflussten Art-déco-Gebäuden östlich des Midan Talaat Harb wurde jüngst saniert und zur sehenswerten Fußgängerzone erklärt. *Zwischen Sharia Qasr Al-Nil und Sharia Sabry Abu Alam, Downtown*

Cairo Tower [U B3]
Wenn Kairos Dunstglocke aufreißt, was eher selten geschieht, können Sie von der Aussichtsplattform des 187 m hohen Bauwerks sogar die Pyramiden sehen. Café und Restaurant sind mittelmäßig. *Hadiqat Al-Zuhriyya, auf der Insel Al-Gezirah im Stadtzentrum, tgl. 9–23 Uhr, Eintritt 30 £E, Eintritt Café 60 £E*

Islamische Altstadt [U E–F 2–4]
★ Zwischen den Stadttoren Bab Al-Futuh und Bab Zuweila erstreckt sich auf 1,5 km Länge die *Sharia Al-Mu'izz Li-Din Allah*, die Hauptachse der Altstadt. Marktweiber, Mofas, Milchreishändler, Moscheen und Madrassen, an jeder Ecke ein Weltkulturerbe – all das existiert hier im Überfluss. Es ist ein quirliger Kosmos, den Literaturnobelpreisträger Nagib Machfus in seiner Kairoer Trilogie verewigte. Direkt am Bab Al-Futuh befindet sich die Moschee *Al-Hakim*, auch *Al-Anuar* genannt, die Moschee der Lichter. Sie wurde vom schiitischen Bohra-Orden saniert, inklusive 4000 m koranischer Kalligrafie. Dach und Minarette kann man besteigen und von der Stadtmauer hinunter den Blick auf die Altstadt genießen. 300 m weiter folgt links die *Darb El-Asfar*, die Gelbe Gasse, jüngst sorgfältig renoviert. Ihr Herzstück ist das ottomanische Herrenhaus

Wasserpfeife und Videoclips

Für Kairos trendige Upperclass waren Straßencafés und Teehäuser lange out – bis vor kurzem

Etwa 30 000 Kaffeehäuser gibt es in Kairo. Sie sind beliebte Treffpunkte. Die westlich orientierte Jugend mied sie als zu volkstümlich – bis ihnen die ewigen Wüsten-, Felukken- und Strandpartys auf den Nerv gingen. Seitdem treffen sich Youngsters aus besserem Kairoer Hause in schicken Cafés. Von Bildschirmen dudeln Videoclips, nicht unüblich ist Internetanschluss *(Eclipse, Sharia Shehab/Sharia Al-Riyad)* oder ein schöner Garten mit Bambusstühlen *(Le Jardin, 18, Sharia Al-Hegaz)*. Im *Maroush (Midan Lubnan, alle Mohandessin)* wird der Wasserpfeifentabak mit Stanniolpapier umwickelt, das erhöht den Genuss. Der neueste Trend: Kaffeebars nach amerikanischem Vorbild mit exzellentem Espresso und Cappuccino (*Cilantro* mit Wireless-LAN-Hotspot und *Coffee Roastery, Sharia 26th of July, Zamalek*).

Tausendundeine Nacht: Blick auf die Zitadelle und die islamische Altstadt

Beit Al-Suheimi aus dem 17. Jh. mit romantischen Innenhöfen und über 200 opulent verzierten hölzernen Sichtblenden an den Fenstern, den *Mashrabiyyas.* Weiter südlich auf der Hauptstraße, vorbei an Wasserpfeifenhändlern, folgt ein dreiseitig frei stehender Minipalast, ein *Sabil Kuttab* von 1744, unten Brunnenhaus, oben *Madrassa,* Koranschule. Schräg gegenüber steht der gewaltige *Qala'un-Komplex*, 1284 erbaut, ihm folgt die *Madrassa* des Sultans *Al-Nasr Mohammed*, deren gotisches Portal von einer Kathedrale aus Akko in Palästina stammt. Seine Sanierung wurde von der Stadt Stuttgart gestiftet. Es schließt sich der Basar der Messing- und Goldschmiede an und, nach der *Sharia Al-Muski,* der Markt der Gewürzhändler. Auf der anderen Seite der *Sharia Al-Azhar* passieren Sie den *Al-Ghuriyya-Komplex,* laufen an den letzten beiden Tarbousch-Herstellern ganz Ägyptens vorbei und gelangen nach 300 m zum *Bab Zuweila.* Hinter dem Tor verbirgt sich die einzige überdachte Marktgasse Kairos, der Basar der Zeltmacher.

Koptisches Viertel **[O]**

★ Die Griechen nannten die Siedlung Babylon, die Römer errichteten dort eine Festung und behielten den Namen bei. Heute heißt das Viertel Alt-Kairo oder auf Arabisch *Masr Al-Qadimah.* Es ist älter als der islamische Stadtkern und wird von orthodoxen Christen, den Kopten, bewohnt. Einige der schönsten und ältesten Kirchen Ägyptens stehen hier, teilweise tief in den Boden eingesunken. Besonders sehenswert ist die *Al-Muallaqah*, die über 1000 Jahre alte Hängende Kirche mit ihren barock wirkenden Türmen. In der Krypta der frühchristlichen *Basilika St. Sergius* soll sich die Heilige Familie auf der Flucht nach Ägypten versteckt haben, ebenso wie in der Synagoge *Ben Ez-*

ra unweit davon. 400 m nördlich des Viertels lohnt die älteste Moschee Ägyptens einen Abstecher, die *Amr Ibn Al-'As. Direkt an der Metro-Station Mar Girgis*

Moschee Al-Azhar **[U E3]**

★ Weltweit eine Milliarde sunnitischer Muslime sehen in der Institution gleichen Namens, der »Die Blühende« bedeutet, die höchste Instanz in Glaubensfragen. Die Moschee wurde 971 erbaut und bald darauf zur Universität erklärt. Allein wegen ihres wunderschönen Innenhofs sollte sie unbedingt besucht werden! *Midan Al-Hussein, www.alazhar.org*

Insider Tipp **Moschee Al-Ghuri** **[U E3]**

Sie ist ein wahres Schmuckstück mamlukischer Baukunst aus dem 16. Jh. Einen vergoldeten Wandfries, der ein Jahrhundert lang unter Holz verborgen war, entdeckten Bauarbeiter bei der letzten Sanierung. *Sharia Al-Mu'izz Li-Din Allah Ecke Sharia Al-Azhar*

Moschee Al-Azhar

Moschee Ibn Tulun **[U D5]**

★ Fachleute halten sie für eine der schönsten Moscheen der Welt. Zwischen 876 und 879 errichtet, wurde ihre harmonische, klare Gestalt seitdem kaum durch Umbauten verändert. Das *Gayer-Anderson-Museum, tgl. 8–16.30 Uhr, Eintritt 20 £E,* am Eingang zeigt historische Wohnkultur in zwei mamlukischen Adelshäusern. *Midan Ahmed Ibn Tulun, Sayyida Zeinab*

Moschee Sultan Hassan **[U E5]**

Der festungsähnliche Bau, 1372 errichtet, besaß viele Jahrhunderte lang das höchste Minarett der Stadt. Innen beeindrucken die erhabene Stille, die durch die ausgewogene Anordnung der Säle noch unterstrichen wird, und vor allem die prächtigen Bronzeportale, hinter denen sich des Sultans Mausoleum befindet. *Midan Al-Qal'a*

Pyramiden von Giza **[O]**

★ Das letzte noch erhaltene Weltwunder der Antike befindet sich entgegen der Erwartung vieler Besucher nicht einsam in der Wüste, sondern am Stadtrand vom Großraum Kairo/Giza. »40 Jahrhunderte blicken auf euch herab«, soll Napoleon hier angeblich seinen Soldaten ergriffen zugerufen haben, und auch heute noch üben die drei Monumente eine magische Wirkung auf Besucher aus aller Welt aus. Die größte ist die Pyramide von Khufu, besser bekannt unter dem Namen Cheops, mit ursprünglich 146,72 m, heute gut 137 m Höhe und einer Seitenlänge von 230 m. Wichen die Neigungswin-

Die Pyramiden von Giza waren monumentale Grabbauten der Pharaonen

kel der Kanten nur um zwei Grad voneinander ab, hätte das ein Auseinanderklaffen um 15 m an der Spitze bewirkt. 2,5 t wiegt ein Steinquader im Schnitt, etwa 2,3 Mio. Blöcke wurden verbaut. Schätzt man die Bauzeit großzügig auf 30 Jahre, hieße das, dass über den gesamten Zeitraum hinweg alle sieben Minuten ein Block herangeschafft, hochtransportiert und eingefügt werden musste – eine unglaubliche logistische Leistung.

Pyramiden waren der Ort, an dem der gottgleiche Herrscher nach dem Tod weiter seines Amtes waltete, die Residenz des verstorbenen Pharaos, genau auf der Grenze zwischen dem Reich der Lebenden und der Toten, zwischen fruchtbarem Land und Wüste. Auf dem Plateau von Giza stehen die Pyramiden von *Cheops, Chephren und Mykerinus*, erbaut während der 4. Dynastie, vor über 4500 Jahren. Ihre für Laien nur wenig interessanten Grabkammern können besichtigt werden, in die Cheopspyramide werden allerdings täglich nur 150 Besucher vormittags (ab 8 Uhr) und 150 am Nachmittag (ab 13 Uhr) eingelassen. Unterhalb bewacht der 20 m hohe Sphinx das Reich der Toten. Die berühmte Statue mit dem Löwenkörper und dem Menschenkopf heißt auf Arabisch *Abu Al-Hul*, Vater des Schreckens. In einem Museum östlich der Cheopspyramide wird die vollständig erhaltene Sonnenbarke ausgestellt, zusammengesetzt aus über 1000 Einzelteilen, die 1954 neben der Pyramide gefunden wurden.

Es ist streng verboten, die Pyramiden zu besteigen. Eine Anhöhe südwestlich des Geländes ermöglicht aber besonders in den Morgen- und Abendstunden einen wunderschönen Ausblick auf alle drei Baudenkmäler und das Niltal. Pferde- und Kamelführer bieten Ausritte dorthin an. Mit Souvenirhändlern, Bakschischjägern und Softdrinkverkäufern lauern sie Touristen schon am Eingang auf. Wenn Sie nichts kaufen wollen, lehnen Sie freundlich, aber mit Nachdruck ab. *Tgl. 8–17, Winter bis 16 Uhr, Eintritt 40 £E zuzüglich Cheopspyramide 100 £E, alle anderen Pyramiden 20 £E, Sonnenbarke 35 £E, Anfahrt mit dem Taxi aus der Innenstadt für höchstens 30 £E, von der Metrostation Al-Giza 15 £E*

Die Goldmaske Tut-ench-Amuns

Zitadelle [U E5]

Salah Al-Din, auch bekannt als Saladin, der die Kreuzritter besiegte, errichtete die Festung vor über 800 Jahren. Ihre heutige Gestalt erhielt sie vor anderthalb Jahrhunderten. Weithin sichtbar thront die osmanische *Mohammed-Ali-Moschee* (auch Alabaster-Moschee) über der Stadt, neben ihr die kleinere *An-Nasir-Moschee. Zwischen Midan Al-Qal'a und Sharia Salah Salem, tgl. 8–16 Uhr, Eintritt 35 £E*

MUSEEN

Ägyptisches Nationalmuseum [U C3]

★ Ägyptens berühmtestes Museum gleicht einem Kaufhaus zum Sommerschlussverkauf: 100 000 Objekte pharaonischer Geschichte lagern hier – Statuen, Särge, Mumien, Perücken, Schrifttafeln, Stoffe und vieles mehr, ein großer Teil davon in für die Öffentlichkeit unzugänglichen Magazinen. Enthusiasten verbringen mehrere Tage im Museum. Höhepunkte im Obergeschoss sind der Mumiensaal sowie die Grabbeigaben Tut-ench-Amuns. Zusammen mit dem Innensarg – 225 kg massives Gold – und anderen Beigaben aus der Ruhestätte des jungen Pharaos ist seine Totenmaske der Publikumsrenner des Hauses. *Egyptian Museum, Midan Al-Tahrir, Downtown, neben dem Hotel Nile Hilton, www.egyptian-museum.gov.eg, tgl. 9–16.30 Uhr, Eintritt 40 £E, Mumienhalle 70 £E*

Koptisches Museum [O]

Frühchristliche Kunst aus der Zeit zwischen dem 4. und 11. Jh. Hervorragende Ergänzung zum Nationalmuseum und zum Islamischen Museum. *Koptisches Viertel, Alt-Kairo, www.copticmuseum.gov.eg, tgl. 9–17 Uhr, Eintritt 30 £E*

Mahmoud Khalil Museum [U B4]

Mahmoud Khalil, ein Anwalt mit Monokel im düsteren Gesicht und Liebhaber französischer Kultur, legte diese bedeutende Sammlung von Werken impressionistischer Künstler wie Paul Gauguin, Auguste Renoir oder Vincent van Gogh in den 1930er-Jahren an. *Sharia Kafur, Giza, südlich des Hotels Cairo Sheraton, www.mkhalilmuseum.gov.eg, Di–So 10–17.30 Uhr, Eintritt 25 £E*

Mahmoud Mukhtar Museum [U B4] Insider Tipp

Seit November 2003 ist die schöne Sammlung mit Werken von Ägyptens berühmtestem Bildhauer

(1891–1934) endlich wieder zugänglich. *Sharia Al-Tahrir, Gezirah, gegenüber dem Opernhaus, neben dem Nadi Al-Qahirah, Di–So 9–14 und 17–22 Uhr, Eintritt 5 £E*

Museum of Islamic Art [U E3]

★ Das 1887 erbaute neomamlukische Gebäude beherbergt die weltweit größte und wertvollste Sammlung islamischer Kunst und islamischen Kunsthandwerks. *Sharia Bur Sa'id, Midan Bab Al-Khaliq, Sa–Do 9–16, Fr 9–11 und 14–16 Uhr, Eintritt 16 £E*

Museum of Islamic Ceramic [U B2]

Glanzstücke orientalischen Keramikhandwerks aus 1200 Jahren. *1, Sharia Al-Marsafi, Zamalek, unweit des Marriott Hotels, www.icm.gov.eg, tgl. 9.30–13.30 und 17.30 bis 22 Uhr, Eintritt frei*

National Museum of Modern Art [U B4]

Ägyptische Kunst des 20. Jhs. auf drei großflächigen Etagen. *Sharia Al-Tahrir, Gezirah, an der Cairo Opera, Di–So 10–13 und 17–21, Fr bis 11.30 Uhr, Eintritt 10 £E*

Umm Kulthum Museum [O]

Das Haus, 2002 eröffnet, präsentiert Musik, Videos und Devotionalien aus dem Leben der 1974 gestorbenen Gesangsdiva Umm Kulthum. *Manesterly Palace, Insel Al-Roda, tgl. 10–17 Uhr, Eintritt 2 £E*

ESSEN & TRINKEN

Insider Tipp **Abou El-Sid** [U B2]

Trendiger Orientexpress ins neue Kaffeehaus-Jahrtausend. Man sitzt auf güldenen Pseudobarockstühlen, isst ägyptische, tscherkessische und andere Speisen und hört Dancefloor. 20 Sorten Wasserpfeifentabak. *157, Sharia 26th of July, Zamalek, Eingang links um die Ecke, Tel. 02/735 96 40, tgl. 12–2 Uhr,* **€–€€**

Abou Tarek [U C3] Insider Tipp

Kairoer aus allen Stadtteilen schwören besonders auf die Tomatensauce des definitiven Kusharikönigs der Stadt. Sauber und, von einigem Rummelplatzdekor einmal abgesehen, schlicht. Kein Alkoholausschank. *16, Sharia Maarouf, Ecke Sharia Champollion, Downtown, Tel. 02/576 19 11, www.aboutarek.com, tgl. 7.30–22 Uhr,* **€**

Al-Fishawy [U E3]

Nirgendwo sonst zieht das Basartreiben des Khan El-Khalili beim Tee mit Pfefferminze oder beim türkischen Mokka so schön an einem vorbei wie hier. Das älteste ununterbrochen geöffnete Kaffeehaus der Stadt ist eine Legende. Kein Alkohol. *Midan Al-Hussein, Khan Al-Khalili, hinter dem Hotel El-Hussein*

Andrea [O]

Die Kairoer Grillrestaurantlegende am Stadtrand in Pyramidennähe ist wegen des großen Gartens mit Kinderspielplatz ein beliebtes Ausflugslokal für Familien. *59–60, Mariutiyya Canal, Giza, Tel. 02/383 11 33, tgl. 12–24 Uhr,* **€€**

Café Riche [U C3]

Schriftsteller, Künstler, Journalisten sitzen hier bei Bier oder Kaffee und diskutieren. Die 90 Jahre alte Kairoer Institution wurde mit Liebe fürs historische Detail renoviert.

Schwimmende Paläste auf dem Nil – ein betörender Anblick

Mediterrane Küche. *17, Sharia Talaat Harb, Downtown, Tel. 02/392 97 93, tgl. 10–24 Uhr,* €€

Citadel Hilltop Restaurant [U F4]
Ägyptische Nationalgerichte auf Kairos schönster Anhöhe im neuen Al-Azhar-Park. Der ausgedehnte Garten nördlich der Zitadelle ist ein Geschenk der Agha-Khan-Stiftung. *Haupteingang Sharia Salah Salem, Parkeintritt 10 £E, tgl. 10–21 Uhr,* €€

El-Tabei [U D2]
Insider Tipp
Gehobene Volksküche für Dutzende Variationen von *Fuul-* und *Taamiyya-Gerichten* sowie leckere Omeletts mit Gemüse. Sehr beliebt. Kein Alkohol. *31, Sharia Ahmed Orabi, Taufiqiyya, tgl. 6–1 Uhr,* €

Flux [O]
Szenebar und Restaurant mit experimentierfreudiger Küche, die westliche mit ägyptischen Einflüssen verbindet. *2, Sharia Gameat Al-Nasr, Mohandessin, Nähe Midan Al-Thawra, Tel. 02/338 66 01, tgl. 19 bis 2.30 Uhr,* €€–€€€

Khan El-Khalili Restaurant [U E3]
Im Herzen des Basarviertels: gehobene orientalische Küche, abends oft Livemusik im Café. Kein Alkohol. *5, Sikket Al-Badistan, Khan Al-Khalili, Tel. 02/590 37 88, tgl. 10–2 Uhr,* €€€

La Bodega [U B2]
Insider Tipp
Expressionistische Gemälde, Art-déco-Möbel – das Restaurant (französische Küche) und die Bar sind eine Zeitreise in das Kairo der 1930er-Jahre. In der schicken Designerlounge isst man asiatisch. *157, Sharia 26th of July, Zamalek, im 1. Stock der Baehler's Mansion, Tel. 02/735 05 43, tgl. 12–1 Uhr,* €€€

O-Negrão [O]
Brasilianisches In-Restaurant in grün-schwarzem Space-Schick mit gläsernen Videowänden. *14, Sharia*

Geziret Al-Arab, Mohandessin, Tel. 02/344 10 02, tgl. 12–2 Uhr, €€–€€€

Revolving Restaurant **[U B4]**
Höher kann man in Kairo nicht dinieren. Das Restaurant im 41. Stock des Hotels *Grand Hyatt Cairo* dreht sich langsam um die eigene Achse. *Corniche Al-Nil, Garden City, Tel. 02/365 12 34, tgl. 19–1 Uhr,* €€€

Insider Tipp **Zamakmak** **[O]**
Eines der besten Fischrestaurants der Stadt ist Ende 2003 umgezogen: jetzt mit lauschigem kleinen Garten. Kein Alkoholausschank. *24, Sharia Ahmed Orabi, Mohandessin, Tel. 02/303 52 70, tgl. 12–2 Uhr,* €€€

Restaurantschiffe **[U B3]**
Downtown am Nilufer reiht sich ein Restaurantschiff an das andere. Sie wirken wie kleine Paläste, ihre Beleuchtung spiegelt sich abends im Wasser. Eine Institution ist das *Le Pacha 1901, Saray Al-Gezira, Zamalek, Tel. 02/735 67 30, www.le-pacha.com,* €€€, vor allem wegen seines Steakrestaurants. Das *Nile City Boat* bietet ägyptische Küche im *Misr Cinema* und sehr gute ländliche italienisch Küche im *Johnny Carino's*, dem Kairoer Ableger der texanischen Kette. *Saray Al-Gezira, an der Brücke 6th of October, Zamalek, Tel. 02/735 30 84,* €€

Dinnerkreuzfahrten **[U B2–5]**
Einige Schiffe laufen täglich zu Lunch- und Dinnerkreuzfahrten von zwei bis drei Stunden Dauer aus und man wählt zwischen verschiedenen festen Menüs. Termine telefonisch erfragen!

Die beiden Schiffe von *The Pharaos* sind ein buntes, altägyptisches Disneyland mit reichem Büfett und Bauchtanz für alle. *138, Sharia Al-Nil, Giza, hinter dem Four Seasons Hotel, Tel. 02/570 10 00,* €€€

Insider Tipp Das *Nile Peking* ist das beste Restaurant der Kairoer Peking-Kette. Romantisch, ohne lärmende Folklore, ausgezeichnete chinesische Küche. *Corniche Al-Nil, Alt-Kairo, gegenüber der Südspitze der Nilinsel Al-Roda, Tel. 02/531 63 88, www.peking-restaurants.com,* €€€

EINKAUFEN

Insider Tipp **Al Khatoun** **[U E3]**
Junge Künstler verwandelten die Manufaktur in der fatimidischen Altstadt in eine romantische Galerie und verkaufen Einzelstücke, bei denen vor allem Originalität zählt: Lampenschirme, Brieföffner mit islamischer Kalligrafie u. a. *3, Sharia Mohammed Abdu, am Beit Harrawi hinter der Moschee Al-Azhar, tgl. 11–21 Uhr, www.alkhatoun.com*

Bashayer **[U A4]**
Hier gehen Einheimische hin, wenn sie erstklassiges ägyptisches Kunsthandwerk suchen. Riesenauswahl zu Festpreisen, oft billiger als in den Touristenläden. *Tgl. 10–22 Uhr, 58, Sharia Musaddaq, Dokki*

Diwan **[U B2]**
In der schönsten Buchhandlung Kairos können Sie auch hervorragenden Kaffee trinken, Brownies essen und Zeitung lesen. CDs, Videos und neuerdings auch eine Auswahl deutscher Bücher. *159, Sharia 26th of July, Zamalek, tgl. 10–23 Uhr*

Lehnert & Landrock **[U D3]**
Deutsche Buchhandlung, die Schwarzweißfotos des Künstlers Lehnert von den alten Originalplatten abzieht und verkauft. Die Bilder entstanden vor über 70 Jahren in Ägypten und Tunesien. *44, Sharia Sherif, Downtown, Mo–Fr 10–14 und 16–21, Sa 10–14 Uhr*

Shopping Malls
Kairos moderne Einkaufscenter sind grelle, laute, klimatisierte Tempel des Konsums. Die *Arkadia Mall* **[U B1]** ist die größte Mall in ganz Ägypten mit 500 Läden, Food Court, Apotheke, Geldautomaten und einem Rummelplatz unter dem Dach *(Corniche Al-Nil, hinter dem Hotel Conrad International)*. Die *First Mall* **[U A5]**, *www.firstmall-egypt.com*, ist das exklusive Gegenstück: Designerläden auf drei Etagen sowie ein Gourmetcafé im Atrium. *35, Sharia Al-Giza, am Zoo*

Souq Al-Fustat **[O]**
Schmuck, Töpferwaren, ungewöhnliche Kerzen, Naturkosmetik und vieles mehr im mittelalterlichen Marktkarree des koptischen Viertels.

ÜBERNACHTEN

Cosmopolitan Hotel **[U D3]**
Nostalgisches Haus im Börsenviertel, dessen renovierte Art-déco-Fassaden eine Augenweide sind. Gut ausgestattet. *70 Zi., Sharia Ibn Taalab, Downtown, Tel. 02/392 38 45, Fax 393 35 31,* **€€**

Grand Hyatt Cairo **[U B4]**
Das mit 41 Etagen höchste Gebäude Kairos. Von den Balkonen aller Zimmer schaut man auf den Nil. *714 Zi., Corniche Al-Nil, Garden City, Tel. 02/365 12 34, Fax 362 19 27, http://cairo.grand.hyatt.com,* **€€€**

Hussein Hotel **[U E3]**
Basaratmosphäre pur. Der Blick aus den schlichten Zimmern auf das fatimidische Kairo ist atemberaubend. *56 Zi., Midan Al-Hussein, Khan Al-Khalili, Tel./Fax 591 84 79,* **€**

Longchamps Hotel **[O]**
Stammgäste kehren immer wieder in das preiswerte Hotel auf der Nilinsel Zamalek zurück. Ausgezeichneter Service, gemütliche Zimmer, zwei idyllische Dachterrassen. *30 Zi., 21, Sharia Ismail Mohammed, Tel. 02/735 23 11 und 735 23 12, Fax 735 96 44, www.hotellongchamps.com,* **€€**

Marriott Hotel **[U B2]**
Der prunkvolle Palast am Nil, 1869 vom ägyptischen Vizekönig Ismail für die französische Kaiserin Eugenie erbaut, wird von zwei Bettenhäusern umrahmt. Pool, erstklassige Restaurants und ein Gartencafé. *1358 Zi., 16, Saray Al-Gezirah, Zamalek, Tel. 02/735 88 88, Fax 735 66 67, www.marriott.com,* **€€€**

Mena House Oberoi **[O]**
Maurisch anmutender Hotelklassiker, in dem schon Winston Churchill und Franklin Delano Roosevelt wohnten. Swimmingpool mit Pyramidenblick sowie Golfanlage. *499 Zi., Pyramids Road, Giza, Tel. 02/383 32 22, Fax 383 77 77,* **€€€**

Pension Roma **[U D3]**
Das beste Backpacker-Hotel in Kairo, mitten in der City. Oft ausgebucht, vorher reservieren! *32 Zi., 169, Sharia Mohammed Farid,*

Downtown, Tel. 02/391 10 88 und 391 13 40, Fax 579 62 43, €

AM ABEND

After Eight **[U C3]**
DJs oder Bands bis weit nach Mitternacht. Fast wöchentlich tritt hier *Wist Al-Balad (Downtown)* auf, Kairos beliebteste Liveband. *6, Sharia Qasr Al-Nil, Downtown, www.after8egypt.com*

Cairo Opera **[U B4]**
Erstklassige Operndarbietungen, Ballett, Kammermusik- und Jazz, Gastspiele internationaler Ensembles. Das Haus mit der ausgezeichneten Akustik ist ein Geschenk der japanischen Regierung. Krawatte und Jackett sind für Männer Pflicht! *Sharia Al-Tahrir, Nilinsel Gezirah, unweit des Cairo Towers, Tickets ab 10 £E, Reservierung/Verkauf tgl. 10–15 und 16–21 Uhr, Tel. 02/739 81 14, www.operahouse.gov.eg*

Insider Tipp
El Morocco **[U B3]**
Treffpunkt von bekannten Sportlern, Filmstars und Möchtegern-Promis. Telefonisch reservieren! *Auf dem Restaurantschiff Blue Nile am Garden Al-Andalous, Insel Al-Gezira, tgl. 21–3 Uhr, Tel. 02/735 31 14, €€€*

Hard Rock Café Cairo **[U B4]**
Wundervoller Blick auf den Nil und auf Präsident Nassers echten Cadillac von 1957, der von der Decke hängt. Oft Disko. *Im Hotel Grand Hyatt Cairo, tgl. 15–3 Uhr*

Insider Tipp

Jazz Club Cairo **[O]**
Der einzige wirkliche Livemusikclub in Kairo – inklusive Festivals und Partys. Programmvorschau, Speise- und Getränkekarte unter *www.cairojazzclub.com. 197, Sharia 26th of July, Mohandessin, tgl. ab 20 Uhr, Tel. 02/345 99 39, €€*

Sakiyet Al Sawy **[U A2]**
Rock, Pop, Jazz, Theater, Lesungen, arabische wie westliche Klassik – kein Club in Kairo ist vielseitiger. *Sharia 26th of July, Zamalek, unter der Hochstraße am Nilufer Richtung Mohandessin, Tel. 02/736 61 78, Programm unter www.culturewheel.com*

Whirling Dervishes **[U E5]** Insider Tipp
An neuem Ort dieselbe Show, die seit Jahren Kairobesucher begeistert: Die legendären Wirbelnden Derwische tanzen und drehen sich zweimal pro Woche in Trance. Die traditionelle Livemusik allein ist bereits ein Höhepunkt. *Sariyat Al-Gawhara Theatre auf der Zitadelle, Mo, Mi und Sa 19 Uhr, Tel. 02/510 17 35, Eintritt frei*

AUSKUNFT

Tourist Information **[U D3]**
5, Sharia Adly, nahe Midan El-Opera, Downtown, tgl. 9–20 Uhr, Tel. 02/391 34 54

ZIELE IN DER UMGEBUNG

Memphis und Saqqara **[114 C5]**
★ Unter dem Namen Men-nefer-Pepi war Memphis, 15 km südlich der Pyramiden von Giza, jahrtausendelang die florierende Hauptstadt des vereinigten Ober- und Unterägyptens, eine der größten antiken Städte überhaupt. Wenig ist von ihr übrig, auf einem Teil des Geländes befindet sich heute das Dorf *Mit Rahina* mit seinen Feldern

Die Kolossalstatue von Ramses II. in Memphis

und Gärten. In einem Schutzbau *(Eintritt 25 £E)* wird der riesige Torso einer Statue Ramses' II. aufgebahrt, die ursprünglich 13 m hoch war und immer noch mit ihrem stolzen, sanften Gesicht beeindruckt. 200 m westlich des Hauses steht der *Alabastersphinx*, der 1912 freigelegt wurde.

Im Gegensatz zu Memphis bietet sich Besuchern mit Saqqara, der dazugehörigen Totenstadt, ein ausgedehntes Gelände, reich an Tempeln und Grabstellen *(Eintritt 35 £E)*. Die *Stufenpyramide Djosers*, 2650 v. Chr. von Imhotep erbaut, gilt als erstes monumentales Steinbauwerk der Menschheit überhaupt.

Das ganze Gelände ist immer noch eine Art Füllhorn für Wissenschaftler aus aller Welt. 2002 entdeckten japanische Archäologen hier eine zwischen zwei Löwenbeinen sitzende sphinxähnliche Figur, die den Namen Cheops trägt. Sie ist einer der bislang seltenen Beweise, dass Cheops tatsächlich als Gott verehrt wurde.

Saqqara und Memphis befinden sich 15 km südlich der Pyramiden von Giza, sind von 8–17, im Winter bis 16 Uhr geöffnet und können am besten mit dem Taxi erreicht werden.

Oase Al-Fayoum **[116 B–C1]**

Wer vom Großstadtmoloch Kairo irgendwann genug hat, sollte einen Ausflug nach Fayoum in Erwägung ziehen. Die Oase rund 100 km südwestlich von Kairo, die über einen Kanal mit dem Nil verbunden ist, kann für 4 £E mit Bussen vom Midan Al-Giza bzw. vom Turgoman-Busbahnhof erreicht werden – oder mit Sammeltaxis, die am Midan Al-Giza abfahren. Für eine Gruppe von vier bis sieben Leuten lohnt es sich auch, in Kairo ein Peugeot-Siebensitzer-Taxi für die gesamte Tour zu mieten, zumal auf diese Weise der Transport innerhalb der ausgedehnten Oase gesichert ist. Der Weg zum Ortskern von Medinet Al-Fayoum führt vorbei an Plantagen, Feldern und Bewässerungskanälen, die der Oase den Beinamen »Garten Kairos« einbrachten. Vier der für Fayoum so typischen großen Wasserschöpfräder befinden sich unweit des Kaffeehauses Al Medina und des Touristenbüros. Sehenswert ist auch das Souq-Viertel südlich der über 500 Jahre alten *Moschee Quait-Bey.*

Am Westzipfel des Qarun-Sees liegen die gut erhaltenen Reste des *Qasr Qarun*, einer spätptolemäischen Tempelanlage, die von den Ruinen der Siedlung Dionysiae umgeben ist. Am Südufer des Sees entlang Richtung Osten erreichen Sie nach etwa 50 km das Hotel *Auberge du Lac, 76 Zi., Tel. 084/ 657 20 01, Fax 657 20 02,* **€€€**. Die ehemalige Sommeresidenz König Farouqs, in der Winston Churchill 1945 mit König Ibn Saud sprach, ist das beste Hotel der Oase und ein Treffpunkt von Jägern. Es eignet sich für ein stimmungsvolles Dinner mit Wildbraten direkt am Ufer des Sees.

Pyramiden Dahshur und Maidum [114 C6] [116 C1]

Pyramidenfans setzen sich nach dem Besuch von Saqqara ins Taxi und fahren weiter bis nach Dahshur und Maidum *(Öffnungszeiten siehe Saqqara, Eintritt jeweils 20 £E)*. Ein Taxi für den Tagesausflug bekommt man mit etwas Verhandlungsgeschick für *170 £E.* Fragen Sie an der Hotelrezeption! 7 km nach Saqqara folgen die Pyramiden von Dahshur: die Weiße, die Rote und die Schwarze, vor allem aber die Knickpyramide, deren Grund sich schon beim Bau gesenkt hatte. Man änderte ab der Hälfte einfach den Neigungswinkel und baute weiter. Die Grabkammern der Roten Pyramide können besichtigt werden. Die Pyramide von Maidum war ursprünglich außen glatt verkleidet, aber der meterdicke steinerne Mantel rutschte mit der Zeit ab und liegt heute als Schuttgürtel der Pyramide zu Füßen.

Der Garten Kairos: Maisfeld in der Oase Al-Fayoum

Götter, Tempel und hundert Tore

Am Nil entlang zwischen Luxor und Assuan geht es geradewegs in die Ewigkeit – eine Zeitreise an die Wiege der menschlichen Zivilisation

Heitere Gelassenheit

Die klassische Ägyptenreise führt den Nil entlang nach Süden, über Luxor bis nach Assuan. Klassisch darf hier getrost im Wortsinn verstanden werden. Wenn Ägypter stolz von ihrem Land als der Wiege der Zivilisation sprechen, dann meinen sie vor allem diesen schmalen Streifen, der einige Kilometer, manchmal nur wenige Meter fruchtbaren Bodens links und rechts des Nils umfasst und der mit einigen der faszinierendsten Kulturdenkmäler der Welt aufwartet. Aufgefädelt wie an einer Kette stehen sie in der Landschaft. Abydos, wo die weltweit ältesten Texte gefunden wurden, das Amarna von Echnaton und Nofretete, das hunderttorige Theben, Luxor, Philae, Abu Simbel – die Namen der Stätten lesen sich wie aus einem Märchenbuch.

Vor 5400 Jahren wurden die Hieroglyphen aufgezeichnet, die man in Abydos fand. Zu jener Zeit entwickelte sich im alten Ägypten bereits eine ausgefeilte Bürokratie als Teil einer Gesellschaftspyramide, in der jeder seinen Platz hatte, gottgleiche Herrscher, Beamte, Bauern, Händler, Schreiber oder Tempeldiener. Als im 19. Jh. Forschungsreisende Superlative wie »unbegreifliche Tempelwelt«,»Stadt von Riesen« oder einfach »kolossal« in ihre Notizbücher schrieben, war diese Welt längst buchstäblich versunken, im Wüstensand, manchmal bis an das obere Ende der Tempelsäulen. Die Entdeckungen lösten eine wahre Ägyptomanie in Europa aus, und schon bald fuhren die Nilkreuzer Thomas Cooks, des Erfinders der Pauschalreise, reiche Urlauber bis nach Assuan. Oberägypten wurde zum milden Winterrefugium von gelangweilten Bohemiens, aber auch von Schriftstellern und Künstlern, die ihren Traum vom Anderssein in die geheimnis-

Gönnen Sie sich ein großes Vergnügen: Mieten Sie sich eine Felukke für eine Partie auf dem Nil

volle Welt des alten Ägypten projizierten, und das bis heute.

Agatha Christie und Ingeborg Bachmann ließen sich hier inspirieren, Thomas Mann sprach in seinem Eintrag in das Gästebuch des Hotels Old Winter Palace in Luxor von Ägypten als einer Zauberwiese, und Gustave Flaubert schrieb 1850: »Bei Sonnenuntergang sieht es so aus, als seien die Bäume mit Kohlestift gezeichnet, und die Sandhügel erscheinen wie aus Goldstaub.«

Die Nilkreuzfahrt ist auch heute noch die bevorzugte Reiseform im Land der Pharaonen. Eine exotische Alternative können Sie in Luxor und Assuan direkt am Ufer buchen: mehrtägige Touren mit einer Felukke, bei der der Bootsführer auf seinem Segelboot für Sie kocht. Treffen Sie vor Reisebeginn eindeutige Abmachungen über den Tourverlauf, schauen Sie sich das Boot genau an, und vergessen Sie Schlafsack und Taschenlampe nicht!

Die Reise in den breiten 1.-Klasse-Schlafsesseln in einem der Abendzüge von Kairo spart eine Nacht im Hotel und dauert nach Luxor etwa neun und nach Assuan 13 Stunden, mindestens zwei bzw. sechs davon im Licht des anbrechenden Morgens. Vor allem am Bahnhof von Luxor warten Dutzende von Schleppern auf den einfahrenden Zug und halten Ihnen schon auf dem Bahnsteig kleine Fotos von Hotels unter die Nase. Ignorieren Sie sie! Die Schlepper erhalten eine Provision für jeden Gast, den sie bringen, und immer mehr seriöse Hotels, auch billige, verzichten auf diese Art des Gästefangs. In fast allen Orten bieten Verleihe Fahrräder an, auch in den besseren Hotels. Wenn Sie die Zeit haben, dann mieten Sie sich ein Rad, stundenweise oder für den ganzen Tag. Eine Fahrradtour in die malerische Umgebung gibt Ihnen Gelegenheit, dem Touristenrummel zu entfliehen. Insider Tipp

ASSUAN

[124 B4] In Assuan können Sie alles vergessen – die nervöse Hektik Kairos, die Aufdringlichkeit der Souvenirverkäufer von Luxor, den westlich orientierten Trubel in den Badeorten des Roten Meers. Assuan ist anders. Der Straßenverkehr fließt gemächlich, die Autos halten sogar bei Rot an der Ampel, die Menschen sind entspannt und lassen Touristen fast unbehelligt an der Uferpromenade spazieren, ohne ihnen alle paar Meter eine Felukkenfahrt oder Papyrus aufzuschwatzen. In Assuan herrscht einfach ein anderer Lebensrhythmus. Die Nähe zu Afrika, die Anwesenheit Zehntausender Nubier, die nach dem Staudammbau umgesiedelt werden mussten und in und um Assuan leben, aber vor allem die schon fast seditativ wirkende Landschaft haben geholfen, dem Ort eine ganz eigene Würde zu bewahren.

Die Wüste reicht bis ans Westufer, ihre Farbe ändert sich im Lauf des Tages ununterbrochen. Üppig bewachsene Inseln liegen im Nil, der hier in einem Blau erstrahlt wie in ganz Ägypten nicht wieder.

Jahrtausendelang war Assuan Umschlagplatz für den Handel mit Zentralafrika. Heute wohnen eine halbe Million Menschen hier, die vom Tourismus leben, aber auch vom Hochdamm oder von in der Gegend angesiedelter Großindustrie. Das öffentliche Leben spielt sich entlang der Uferstraße ab, der *Sharia Abtal Al-Tahrir*, an der sich auch viele der Hotels, Banken, Restaurants und Reisebüros befinden. Assuans berühmter Souq verläuft wenige Meter parallel zur Uferstraße.

SEHENSWERTES

Elephantine Island

★ Im Süden der Insel sind die Reste der 5000 Jahre alten Siedlung Yebu und antike Tempelruinen zu sehen. Die Villa von Sir William Willcocks, dem Planer des ersten Assuan-Staudamms, beherbergt das kleine *Assuan Museum, tgl. 8.30–17 Uhr, Eintritt 10 £E,* unweit des Nilometers. *Fähre (0,50 £E pro Person) ab Egypt-Air-Büro am Ostufer*

Kitchener Island

Benannt nach dem Befehlshaber der britischen Kolonialtruppen in Ägypten Ende des 19. Jhs., beherbergt das Inselchen heute einen prachtvollen botanischen Garten, der in seinem Kern von Lord Kitchener persönlich angelegt wurde. Ideales Ausflugsziel! *Eintritt 5 £E*

Philae

★ Die Insel wird vom *Isis-Tempel* beherrscht, der sich ursprünglich auf einer Insel befand, die in den Fluten eines Assuan-Staudamm-Zwischenbeckens unterging. 1979 wurde der Tempel zersägt und im Rahmen einer internationalen Rettungsaktion originalgetreu auf der *Agilkia-Insel* aufgebaut. Die ältesten erhaltenen Gebäude wurden vor über 2300 Jahren von Nektanebos

MARCO POLO Highlights »Oberägypten«

★ **Abu Simbel**
Kolossaltempel am Ufer des Nasser-Stausees südlich von Assuan (Seite 48)

★ **Philae**
Tempelinsel mit Isis-Heiligtum, Hadriansbogen und dem Trajanskiosk in römischem Stil (Seite 45)

★ **Elephantine Island**
Reste der 5000 Jahre alten Siedlung Yebu sowie antike Tempelruinen (Seite 45)

★ **Tal der Könige**
Das berühmteste der thebanischen Gräberfelder in Luxor (Seite 54)

★ **Karnak-Tempel**
Der Säulenwald dieser pharaonischen Tempelanlage ist weltberühmt (Seite 52)

★ **Luxor-Tempel**
Am Abend wirkt das Heiligtum besonders geheimnisvoll (Seite 53)

★ **Tempel der Hatschepsut**
Die terrassenförmige Anlage der Pharaonenkönigin liegt malerisch vor leuchtend gelben Felshängen (Seite 55)

★ **Edfu**
Der Horus-Tempel gilt als der besterhaltene Ägyptens (Seite 57)

angelegt, von dessen Pavillon ein Säulengang zum ptolemäischen Isis-Tempel führt. Die Römer bauten das *Hadrianstor* und den *Trajanskiosk*. Eine wirklich empfehlenswerte Sound&Light-Show findet abends statt, an bestimmten Tagen auch in Deutsch *(Eintritt 33 £E)*. Zum Übersetzen auf die Insel müssen Sie eines der bereitliegenden Boote mieten, *20 £E für 8 Personen. Tgl. 7–18 Uhr, Eintritt 35 £E*

Staudämme

Der erste Staudamm von Assuan war zur Zeit seiner Fertigstellung 1902 die größte Talsperre der Welt. Im Gegensatz zum Hochdamm, auf Arabisch Sadd Al-'Ali, ließ er den fruchtbaren Schlamm passieren und staute nur die Flut des Weißen Nils. Der Hochdamm jedoch, 1971 eingeweiht, greift erheblich in das empfindliche Ökosystem des Niltals ein. Einerseits liefert er Strom und ermöglicht mehrere Ernten jährlich durch das Ausbleiben des Hochwassers. Andererseits werden die Ackerböden nicht mehr ausgewaschen, versalzen und müssen künstlich gedüngt werden, von den Klimaschwankungen und geotektonischen Veränderungen, die der riesige Stausee verursacht, ganz zu schweigen. Der Damm ist 111 m hoch, 3,6 km lang und am Fundament 1 km breit.

Unvollendeter Obelisk

In einem alten Steinbruch unweit des Old-Cataract Hotels liegt ein riesiger Obelisk, der vor 3400 Jahren aus dem Granit gehauen wurde und 42 m lang ist. Auf Grund eines Risses im Stein stellte man die Arbeiten ein. *Eintritt 20 £E*

MUSEUM

Nubisches Museum

Inside Tipp

Das schönste Museum des Landes wurde unter anderem mit Unesco-Mitteln erbaut, 1998 eröffnet und widmet sich der Geschichte und der Kunst des im Nasser-Stausee

Ägyptens Vorzeigeprojekt: der Nasser-Stausee in Assuan

Die MARCO POLO Bitte

Marco Polo war der erste Weltreisende. Er reiste in friedlicher Absicht, verband Ost und West. Er wollte die Welt entdecken, fremde Kulturen kennen lernen, nicht zerstören. Könnte er heute für uns Reisende nicht Vorbild sein? Aufgeschlossen und friedlich sollte unsere Haltung auf Reisen sein. Dazu gehören auch Respekt vor Mensch und Tier und die Bewahrung der Umwelt.

versunkenen Nubien. *Sharia Abtal Al-Tahrir, oberhalb des Hotels Old-Cataract, tgl. 9–13 und 18–22, im Winter nachmittags 17–21 Uhr, Eintritt 35 £E*

ESSEN & TRINKEN

1902

Insider Tipp

Gönnen Sie sich ein Erlebnisdinner unter der Domkuppel eines der beeindruckendsten Restaurants des Landes. Französische Küche im maurisch inspirierten Saal. *Mindestverzehr, wenn Sie nicht im Hotel wohnen: 30 Euro ohne Getränke. Old-Cataract Hotel, Sharia Abtal El-Tahrir, Tel. 097/231 60 00, tgl. 19.30–23.30 Uhr, €€€*

Aswan Moon

Nilrestaurant auf schwimmenden Pontons. Beliebt bei Touristen und Einheimischen, vor allem abends. Fisch, Pizza, Grill- sowie ägyptische Gerichte. Billiges Bier. *Uferpromenade, Tel. 097/231 61 08, tgl. 8–1 Uhr, €€*

Panorama

Insider Tipp

Preiswerte oberägyptische und nubische Spezialitäten auf grüner Nilterrasse. Probieren Sie Molokhiyya-Suppe! *Uferpromenade, Tel. 097/231 61 69, tgl. 12–21 Uhr, €*

EINKAUFEN

Genießen Sie den Bummel durch die romantischste Basargasse Ägyptens, besonders am Abend, wenn die Auslagen in den schönsten Farben leuchten: große Gewürzsäcke, Kunsthandwerk, Schmuck und Textilien. Im Unterschied zu Luxor wird man hier eher selten angesprochen und kann fast unbehelligt gucken. *Sharia Al-Souq, parallel zur Uferstraße*

ÜBERNACHTEN

Basma Hotel

Schmuckloser Bau, aber hervorragende Zimmer. Hotelgärten und Swimmingpool mit schönem Blick von Assuans höchstem Punkt. Ausgezeichnet geführtes Ökohotel. *179 Zi., westlich des Nubischen Museums, Tel. 097/231 09 01, Fax 231 09 02, www.basmahotel.com, €€€*

Hathor Hotel

Das Haus ist beliebt bei Rucksacktouristen, die sich abends zum Sonnenuntergang und danach auf dem Dach am Swimmingpool treffen. Teilweise klimatisiert. *100 Zi., Corniche Al-Nil, Tel. 097/231 45 80, €*

Keylany Hotel
Das Haus mit dem guten Ruf unter Rucksacktouristen besitzt einfache, saubere Zimmer, einige mit Klimaanlage, sowie ein Internetcafé. *29 Zi., Sharia Keylany, Tel./Fax 097/231 73 32, www.aswanet.com.eg,* **€**

Old-Cataract Hotel
1899 gegründetes nostalgisches Hotel im viktorianischen Stil, in dem schon Agatha Christie und Prinzessin Diana wohnten. Die legendäre Terrasse wird zum Sonnenuntergang manchmal für Nicht-Hotelgäste geschlossen! *131 Zi., Sharia Abtal Al-Tahrir, Tel. 097/231 60 00, Fax 231 60 11,* **€€€**

AM ABEND

Die großen Hotels betreiben Nachtclubs, Bars und Diskotheken, die außerhalb der Hochreisezeit oft gähnend leer sind. Probieren Sie die Disko im *Isis-Hotel* an der Uferpromenade oder die vom *New-Cataract Hotel.*

AUSKUNFT

Tourist Information
Am Bahnhof, tgl. 8–15 Uhr, Tel. 097/231 28 11

Tourist Police
Tel. 097/231 64 36

ZIELE IN DER UMGEBUNG

Abu Simbel **[O]**
★ Planen Sie unbedingt mindestens einen Tag für die Besichtigung dieses grandiosen Tempels ein. Die Reise dorthin dauert allein, je nach Verkehrsmittel, mehrere Stunden. Täglich morgens um vier verlässt ein Konvoi von Taxis, Reise- und Minibussen Assuan und trifft etwa vier Stunden später 290 km südlich in Abu Simbel ein. Für eine Tour im Minibus zahlen Sie ab 40–50 *£E*, sitzen dafür aber eng eingezwängt. Fahrten mit dem Taxi oder im Reisebus sind teurer, ab 150 *£E*. Gebucht wird an der Hotelrezeption. Eine noch teurere Al-

Es werde Licht

Geliebt und gehasst, kitschig oder magisch – die Licht- und Tonspektakel in den alten Tempeln Ägyptens

Die Shows heißen »Sound&Light« oder »Son et lumière« und sind seit 1961 herausragender Bestandteil all dessen, was die ägyptischen Tourismusmacher sich einfallen lassen, um die Gäste des Landes zu unterhalten. Ob in Karnak oder Assuan, in Abu Simbel oder vor Sphinx und Pyramiden von Giza – das Publikum sitzt unter freiem Himmel auf Stühlen vor den Stätten und lauscht einer mal donnernden, mal beschwörenden Erzählerstimme, an bestimmten Wochentagen auch in Deutsch, dazu werden die Statuen, Tempel und Pyramiden wechselweise in farbiges Licht getaucht. Besonders schön: die Show auf der Insel Philae bei Assuan. Weitere Infos unter *www.sound-light.egypt.com*

Tief im Felsgestein liegt die Pfeilerhalle des Großen Tempels

ternative ist das Flugzeug (Hin- und Rückflug etwa 120 Euro). Die Touristenströme beschlagnahmen gegen neun das Areal und sind zwei, drei Stunden später wieder weg. Glücklich ist, wer in einem der wenigen Hotels in Abu Simbel übernachtet, denn er hat den Tempel am Nachmittag ganz für sich. Seit kurzem findet abends eine Sound& Light-Show statt. Die vier Kolossalstatuen Ramses' II., der den Tempel erbauen ließ, sind 20 m hoch. Sie thronen an einem künstlichen Felsen, der erbaut wurde, als man die Tempelanlage 1964–68 mit einer Unesco-Aktion vor den Fluten des Nasser-Stausees rettete. Lassen Sie sich durch eine kleine Seitentür in das Innere des Bergs führen.

Der Tempel ist nach Osten ausgerichtet, zweimal im Jahr (um den 21. Februar und den 21. Oktober) treffen die Strahlen der aufgehenden Sonne auf alle vier Götterfiguren im Tempelinnern. Der kleinere Tempel ist Hathor und Nefertari gewidmet. *Tgl. 7–16 Uhr, Eintritt 50 £E für beide Tempel.* Zum Übernachten können zwei anständige Mittelklassehotels empfohlen werden, das *Nefertari, 120 Zi., Tel. 097/340 05 08,* **€€**, und das *Seti Abu Simbel, 138 Zi., Tel. 097/ 340 07 22, www.setifirst.com,* **€€**. Genießer buchen eine drei- bis viertägige Kreuzfahrt auf dem Nasser-Stausee auf der eleganten *MS Eugenie, Tel. 02/516 96 49, www.eugenie.com.eg,* **€€**, mit einem Hauch von Fin de Siècle.

Kalabsha-Tempel [124 B5]

Der Tempel mit vielen architektonischen Besonderheiten am Westufer des Nasser-Stausees steht erst seit 1963 dort. Mit bundesdeutscher Hilfe wurde er in Einzelteile zerlegt, abtransportiert und wieder errichtet – und damit vor den ansteigenden Fluten des Sees gerettet. Das Heiligtum ist dem nubischen Gott Mandulis geweiht und wurde vor 2000 Jahren unter dem römischen Kaiser Augustus errichtet.

EL-MINYA

[116 B5] Der Ort, drei Bahnstunden von Kairo entfernt, ist eine oberägyptische Kleinstadtidylle, trotz seiner gut 250 000 Einwohner. Die Innenstadt wirkt aufgeräumt und überschaubar, fast ein wenig verträumt, ganz anders als die Touristenzentren am Oberlauf des Nils. El-Minya kann als Ausgangspunkt für Touren nach Beni Hassan und Amarna genutzt werden, eignet sich aber auch hervorragend zum Ausspannen und Bummeln, vor allem am Nil, in den Kaffeehäusern und in den Souqs, besonders montags, wenn Markttag ist.

ÜBERNACHTEN

Ibn Khassib Hotel
Pseudoviktorianisch möbliert, zentral gelegen, angenehme Atmosphäre. *20 Zi., 5, Sharia Ragab, Tel. 086/236 45 35, €€*

Mercure Nefertiti
Komfortable, klimatisierte Zimmer und Bungalows mit TV und Bad. Swimmingpool. *55 Zi., Corniche Al-Nil, 1 km nördlich, Tel. 086/234 15 15, Fax 236 64 67, €€€*

AUSKUNFT

Tourism Office
El-Minya Governorate Building, Corniche, tgl. 8.30–14 Uhr, Tel. 086/234 35 00

ZIELE IN DER UMGEBUNG

Beni Hassan [116 B5]
Die Felsengräber von Beni Hassan am Ostufer des Nils, 20 km südlich von El-Minya, erreichen Sie mit dem Taxi über die Landstraße am Westufer. Bei Abu Gurgas setzen Sie mit der Fähre über den Nil. Die 39 Fürstengräber stammen aus der Zeit des Mittleren Reichs und zeigen gut erhaltene Wandbilder mit Szenen aus dem Leben der Mittel- und Unterschicht. Der Blick auf das Niltal ist für viele der faszinierendste, den man in Ägypten zu sehen bekommt.

Kuppelfriedhof Saujet Al-Mayyitin [116 B5] Insider Tipp
Mieten Sie sich ein Fahrrad, und radeln Sie am Ostufer des Nils Richtung Süden! Die Landschaft allein lohnt den Ausflug, aber 7 km weiter erwartet Sie ein Anblick, der unvergesslich bleibt: Zehntausende hellbrauner oder weiß getünchter Kuppelgräber drängen sich an den Hang des *Kom Al-Ahmar*, des Roten Hügels, von dem Sie auch den besten Blick über den Friedhof haben. An islamischen Feiertagen besuchen Hunderte von Angehörigen die Verstorbenen und legen Palmzweige nieder. Dann herrscht ein seltsamer Trubel an den Gräbern.

Tell Al-Amarna [116 B6]
Echnaton gründete die Stadt 65 km südlich von El-Minya, in der eine neue Epoche beginnen sollte. Sie dauerte nur etwa 30 Jahre. Nach dem Tod des »Ketzerkönigs« verlegte sein Schwiegersohn Tut-ench-Amun die Reichshauptstadt wieder nach Luxor. Echnaton begründete mit dem alleinigen Glauben an den Sonnengott Aton den ersten Monotheismus der Geschichte, über 1300 Jahre vor der Geburt Christi. Manche Wissenschaftler halten ihn für genial, andere für zerstörerisch.

Tatsache ist, dass der neue Glauben die Vorstellungswelt der Menschen radikal befreite und eine neue Ästhetik schuf, den so genannten Amarna-Stil, wirklichkeitsnah und lebendig. Prunkstück Amarnas war die Büste der Königin Nofretete, die sich heute in Berlin befindet. Vom einstigen Amarna ist bis auf Ruinenfelder und einige Reliefs und Wandmalereien in den Felsengräbern heute nur noch wenig zu sehen.

LUXOR

Karte auf Seite 126/127

[122 A6] Luxor gleicht einer Bühne, auf der ganz grundverschiedene Schauspieltruppen aufeinander treffen: die alten Pharaonen, die es nie unter der Ewigkeit machten und damit bis heute Erfolg haben, Millionen von Touristen aus aller Welt, Amerikaner, die fließend Hieroglyphentexte lesen können, aber kaum etwas über das Land wissen, in dem sie sich gerade befinden, Japaner in großen Gruppen, europäische Studenten, die sich mit dem Taxifahrer um Geld streiten – und dazwischen die neuen Ägypter, die auf schnellen Profit aus sind und einem überall verstohlen »only today« oder »nur gucken« zuraunen. Jede Schauspieltruppe hat ihre eigene Dekoration mitgebracht, gewaltige antike Tempel, McDonald's und kitschige Souvenirstände. Luxor ist ein bizarres Welttheater.

Während es fast überall im Land ausreicht, sich einen Tag lang treiben zu lassen, um am Abend die netten Begegnungen, Einladungen oder manchmal gar Freundschaften nicht mehr an einer Hand abzählen zu können – in Luxor müssen Sie sich selbst zielgerichtet um ungestörten Genuss kümmern. Ein paar Regeln: Taxifahrer, Pferdekutscher, Kaleschen und Souvenirverkäufer ununterbrochen ignorieren, wenn Sie nichts kaufen wollen oder nicht auf eine Kutschfahrt aus sind. Besuchen Sie die Tempel auf der Ostseite des Nils am späten Nachmittag. Nehmen Sie sich ein einfaches Hotelzimmer auf der Westseite, wenn Ihnen nach Ruhe und Abgeschiedenheit ist.

Luxor hat 60 000 Einwohner, die überwiegend vom Tourismus leben. Sein Name ist vom arabischen Wort für »die Paläste« abgeleitet: Al-Uqsur. Mit der Vereinigung von Ober- und Unterägypten zum Neuen Reich etwa 1500 Jahre v. Chr. wurde der Ort Hauptstadt, mit dem Namen Waset. Aus dem Griechischen stammt die Bezeichnung Theben. Homer schwärmte von ihm als »hunderttoriges Theben«. Auf der Ostseite des Nils sind die zwei großen Tempelanlagen erhalten, der Tempel von Luxor und der Karnak-Tempel. Viele Hotels befinden sich entlang der Uferstraße, der *Sharia Bahr Al-Nil,* sowie in ihrer südlichen Verlängerung, der Sharia Khaled Ibn Al-Walid. Direkt vom Luxor-Tempel verläuft Richtung Osten zum Bahnhof die *Sharia Al-Mahatta,* eine Hauptachse der Innenstadt. In den Vierteln zu beiden Seiten finden Sie etliche Billighotels, preisgünstige Restaurants und Imbisse – und Richtung Norden den Basar in der *Sharia Al- Souq.*

Zum Westufer fahren mehrere Fähren. Seit kurzem ist auch die neue Brücke 8 km südlich für den Verkehr freigegeben. Die einzelnen Stätten der Nekropole von Theben,

Karnak, die größte Tempelanlage Ägyptens

das Tal der Könige, das Tal der Königinnen, das Rameseum, die Memnonskolosse, der Tempel der Hatschepsut u. a. liegen jeweils einige Kilometer auseinander. Sie können die Strecke mit dem Taxi *(Tagespreis ab 50 £E)* oder dem Fahrrad zurücklegen.

SEHENSWERTES

Beamten- oder Privatgräber

Gegenüber dem Ramesseum befindet sich ein Gräberfeld, das durch lebendige und farbintensive Alltagsdarstellungen beeindruckt, darunter Fest- und Ernteszenen, Opfer- und Begräbniszüge. Die Gräber gehören den Beamten, den Noblen des Reichs. Fragen Sie nach den »Tombs of the Nobles«. Besonders sehenswert ist das *Grab des Ramose*, Großwesir unter Amenophis IV. (Nr. 55), sowie das *Grab des Menna*, eines Ackervorstehers aus der 18. Dynastie (Nr. 69). Die Handwerker, die diese Beamtengrabstellen wie auch die der Pharaonen schufen, verewigten sich mit eigenen Gräbern, 800 m westlich des Ramesseum. Drei von ihnen sind geöffnet.

Karnak-Tempel

★ 3 km nördlich des Luxor-Tempels, ebenfalls in Nähe des Nilufers, erstreckt sich auf einem Gebiet von 250 000 m^2 eine ebenso eindrucksvolle wie unübersichtliche Tempelanlage. Dutzende von Herrschern bauten über 13 Jahrhunderte lang an ihr und veränderten sie ständig. Bis heute ist es den Archäologen nicht gelungen, alle ihre Rätsel komplett zu entschlüsseln. Hinter dem Eingang befindet sich der *Amun-Tempel*. Westlich davon steht das *Heiligtum des Khonsu* sowie als drittes Zentrum der Anlage der *Festtempel Thutmosis' III.* Hinzu kommen weitere An- und Umbauten, Hallen und Höfe, Schreine und Alleen. Am Vormittag strömen Heerscharen von Touristen in die Anlage. Am besten ist es, Sie besuchen den Tempel in der Mittagshitze, wenn die Tourbusse wieder verschwunden sind, oder sogar am frühen Abend. Nach Einbruch der Dunkelheit finden kitschige Multimediaspektakel in täglich wechselnden Sprachen statt, die so genannten Sound&Light-Shows.

Berühmt ist vor allem der riesige Säulenwald zu beiden Seiten des Mittelganges, erbaut von Ramses I. und seinem Sohn Sethos I., vollendet von Ramses II. Die 134 kolossalen Säulen haben einen Umfang von etwa 10 m und ragen zwischen 13 und 24 m auf.

Der *Heilige See* südlich des Amun-Tempels diente den Priestern vorwiegend für rituelle Bootsfahrten und Waschungen. An seinem Ufer liegt ein großer Granitskarabäus, den Amenophis III. dem Sonnengott Atum-Chepre geweiht hatte. *Tgl. 6–18.30, im Winter bis 17.30 Uhr, Eintritt 40 £E*

Luxor-Tempel

★ Die Tempelanlage dominiert das Stadtzentrum des heutigen Luxor. Von hier aus sind es bis zum Nil, zum Bahnhof, zum Souq oder zum nächsten McDonald's nur wenige Schritte. Der Bau des Tempels wurde 1400 v. Chr. begonnen und ist den Gottheiten Amun und Mut sowie ihrem Sohn Konsu geweiht. Den Eingang der Anlage, die im alten Ägypten auch Südlicher Harem des Amun hieß, säumen zwei große Sitzstatuen Ramses' II. Der Obelisk vor der linken Statue wurde ursprünglich durch einen zweiten, kleineren vor der rechten ergänzt, doch Muhammed Ali verschenkte sie an Frankreich, wo sie seit 1836 die Place de la Concorde in Paris schmückt. Der Säulengang im Innern ist etwa 16 m hoch und hinterlässt einen gewaltigen Eindruck. Seine Wände sind mit Reliefs verziert, die das Opet-Fest darstellen, eine Tradition, die offensichtlich heute noch im Moulid des heiligen Abu Al-Haggag Al-Uqsuri fortlebt, wenn Luxors Christen und Muslime am 14. Shabaan (am 14. des islamischen Monats Shabaan) eine geschmückte Barke durch die Straßen tragen. Die *Moschee des Sheikhs* befindet sich auf dem Gelände des Tempels. An seinem Nordende sehen Sie den Anfang einer 3 km langen *Sphingenallee*, die einst bis zum Karnak-Tempel führte. Abends wird die gesamte Anlage angestrahlt. *Tgl. 6–22, im Winter bis 21 Uhr, Eintritt 35 £E*

Medinet Habu

Der Totentempel Ramses' III. diente gleichzeitig auch als Harem sowie als Wohn- und Verwaltungskomplex. Im festungsähnlichen Eingangstor, dem *Hohen Tor*, befanden sich Gemächer, in denen der Herrscher sich mit seinen Haremsdamen vergnügte. Davon zeugen die Reliefs der Tortürme, die Ramses an ihren Vorderseiten im Krieg zeigen, u. a. dabei, wie er libysche und nubische Feinde erschlägt.

Memnonskolosse

Sie bewachten einst den Totentempel Amenophis' III., an dessen Eingang sie stehen und von dem heute so gut wie nichts mehr zu sehen ist. Römer hielten die 19 m hohen Statuen für Abbilder des Memnon, der im Trojanischen Krieg von Achilles getötet wurde.

Ramesseum
Die imposante Ruine 400 m nördlich der Kolosse von Memnon ist nur zur Hälfte erhalten. Im ersten Hof sind die Überreste einer riesigen Statue Ramses' II. zu sehen, deren Höhe einst knapp 18 m betragen hat.

Tal der Könige
★ Das Gräberfeld hinter dem Bergmassiv, dessen Gänge sich symbolisch tief ins Reich der Toten winden, ist für viele der Höhepunkt ihres Ausfluges nach West-Theben, andere sind enttäuscht. Die wirkliche Würde des Orts, in seiner weltfernen Abgeschiedenheit, erschließt sich allerdings nur, wenn der vormittägliche Touristenrummel vorbei ist und die Reisebusse wieder abgefahren sind. Die Wandmalereien der Gräber leiden unter den Ausdünstungen der Besucher, fast alle Grabbeigaben wurden über die Jahrhunderte geraubt. Sehenswert sind das Grab Ramses' IV. (Nr. 2), dessen hinterer Bereich mit Szenen aus dem Pfortenbuch geschmückt ist, das der Königin Tauseret und des Pharaos Sethnacht mit dem prunkvollen Granitsarkophag (Nr. 14) sowie das Grab Sethos' I. (Nr. 17), für viele die schönste aller zugänglichen Grabstellen. Zu den insgesamt 64 Königs- und Prinzengräbern gehört auch das von Tutench-Amun, dessen prachtvolle Beigaben im Nationalmuseum am Midan Al-Tahrir in Kairo bewundert werden können. *Eintritt: 3 Gräber 55 £E, Tut-ench-Amun-Grab 70 £E*

Tal der Königinnen
1255 v. Chr. ließ Ramses II. hier seine Gemahlin Nefertari beisetzen. Das prächtige Grab ist seit einigen Jahren Besuchern zugänglich – allerdings werden nur 150 pro Tag eingelassen. Neben diesem beherbergt das Tal etwa 80 weitere Gräber. Sehenswert ist auch das des Prinzen Amenherchopschef, eines Sohns Ramses' III. *Eintritt 20 £E, Grab der Nefertari 100 £E*

Tempel der Hatschepsut: Landschaft und Architektur bilden eine Einheit

Tempel der Hatschepsut
★ Elegant schmiegt sich die dreistöckige Terrassenanlage an den Berghang. Die Ebenen sind durch flache Rampen miteinander verbunden. Viele der farbigen Reliefs sind gut erhalten und zeigen Stationen aus dem Leben der Königin, u. a. ihre Geburt (mittlerer Hof rechts) und die Expedition, die sie 1470 v. Chr. nach Punt im Somaliland schickte (mittlerer Hof links). Vor dem Haupteingang zweigt rechts ein schmaler Weg ab, der über das Bergmassiv nach etwa 50 Minuten zum Tal der Könige führt. Grandiose Aussicht besonders zum Sonnenaufgang. *Eintritt 20 £E*

Theben (West)
Weitläufige Nekropole am Westufer des Nils, in der fast alle Könige des Neuen Reichs, aber auch Beamte und Handwerker begraben sind. Hier glaubten die Pharaonen, nach dem Tod auf ihrer Reise in die Ewigkeit sicher zu sein vor Grabräubern und vor dem profanen Trubel des weltlichen Alltags – beides ein Trugschluss! Die Gräber waren bald schon ausgeraubt, und heute schieben sich jährlich Hunderttausende lärmender Touristen durch die Täler. 1922 geriet das Tal der Könige in die Schlagzeilen, als Howard Carter das prächtige, bis dahin unberührte Grab des Tut-ench-Amun entdeckte. *Eintrittskarten am zentralen Tickethäuschen hinter den Kolossen von Memnon, tgl. 6.30 bis 18.30, im Winter bis 17.30 Uhr*

MUSEEN

Luxor Museum
Für ägyptische Verhältnisse ungewöhnlich übersichtlich und modern, werden auf zwei Etagen Fundstücke aus den Tempeln am Ostufer sowie Grabbeigaben aus Theben-West gezeigt. In einem Anbau wird eine Mumie ausgestellt, die 2003 aus einem amerikanischen Museum zurückkehrte – wahrscheinlich die Ramses' I. *Tgl. 9–13 und 17–22, im Winter nachmittags 16–21 Uhr, Eintritt 35 £E*

Mummification Museum
Eine menschliche Mumie, zahlreiche Tiermumien sowie Werkzeuge und Bildtafeln veranschaulichen den Ablauf der Mumifizierung und ihre Bedeutung als Reise ins Jenseits. *Direkt am Nilufer gegenüber dem Luxor-Tempel, Öffnungszeiten siehe Luxor Museum, Eintritt 35 £E*

ESSEN & TRINKEN

Chez Omar
Günstiges Gartenrestaurant mitten auf einem belebten Platz, ideal zum Ausruhen nach dem Basarbummel. Ägyptische Küche sowie einige kontinentale Standards. *Midan Hassan Youssef, tgl. 11–24 Uhr,* **€**

Green Palace
Ägyptische und andere orientalische Spezialitäten, aber auch Pizza, Fischstäbchen und Steak. Fast täglich kommen Reisegruppen, dann wird ein vorzügliches Dinnerbüfett angeboten. *Sharia Maabad Al-Karnak, tgl. 9–23 Uhr, Tel. 095/ 237 35 94,* **€€**

EINKAUFEN

Auf Luxors Souq gilt: Finger weg von Souvenirs aller Art. Sie sind fast immer überteuert. Die Händler versuchen seit einiger Zeit, weniger aufdringlich zu sein, es gelingt ihnen aber noch nicht. Eine neue kleine Basargasse, der *Souq as-Siahi*, führt unweit des City Council von der Uferstraße in den Ort.

ÜBERNACHTEN

Al-Gazira Hotel
Sympathische, ruhige und saubere Pension in Theben-West. Romantische Dach- sowie Uferterrasse. *11 Zi., am Westufer unweit der Fähranlegestelle, Tel./Fax 095/231 00 34, www.elgezira.com,* €

Insider Tipp **Al Moudira**
Das vielleicht schönste Hotel Ägyptens! 24 Villen im Landhausstil mit Themensuiten (pharaonisch, ottomanisch, islamisch) sowie Möbeln von Flohmärkten in Alexandria, Paris und Beirut. *West-Theben, Mobiltel. 012/392 83 32, Fax 012/322 05 28,www.moudira.com,* €€€

Insider Tipp **Nefertiti Hotel**
Familiäres Backpackerhotel im Zentrum, einige Zimmer mit Klimaanlage und privatem Bad, sehr sauber. Internetzugang und Billard auf der Dachterrasse. *30 Zi., Sharia Maabad Al-Luxor, Tel./Fax 095/237 23 86, www.nefertitihotel.com,* €

Old Winter Palace
1887 eröffnet und immer noch das prominenteste Hotel im Ort, britisch-vornehm bis nobel. Wenn Sie nicht hier wohnen, setzen Sie sich wenigstens in das Gartencafé! *238 Zi., Corniche, Tel. 095/238 04 22, Fax 237 40 87,* €€€

St. Joseph Hotel
Günstiges Drei-Sterne-Hotel, nicht direkt am Nil, aber mit schönem Blick über ihn hinweg. Swimmingpool auf der Dachterrasse, klimatisierte, saubere Zimmer. *62 Zi., Sharia Khaled Ibn Al-Walid, Tel. 095/238 17 07, Fax 238 17 27,* €€

AM ABEND

Folkloreshows, Bauchtanz, ein paar Diskotheken, die die Charts rauf und runter dudeln – das Nachtleben Luxors spielt sich hauptsächlich in den Hotels ab.

The King's Head Pub
Englischer Pub. Billard, Darts, mehrere Biersorten und über zwei Dutzend Cocktails. Der Inhaber spricht Deutsch. *1, Sharia Khalid Ibn Al-Walid, Tel. 095/238 04 89, tgl. 10–2 Uhr*

FREIZEIT & SPORT

Sky Cruise
Nicht billig, aber ein unvergessliches Erlebnis: Schweben Sie in der Morgensonne im Heißluftballon hoch über Theben-West. *90 Euro pro Person, Tel./Fax 095/237 06 38. Buchung ebenfalls in den meisten Hotels in Luxor*

AUSKUNFT

Tourist Information
Corniche, Tel. 095/237 22 15

Tourist Police
Tel. 095/327 66 20

ZIELE IN DER UMGEBUNG

Abydos **[121 E4]**
160 km nordwestlich von Luxor soll, so berichtet der Mythos, der Kopf des Osiris, des Herrschers

über das Jenseits, begraben sein. Das machte Abydos im Mittleren Reich zur bevorzugten Pilgerstätte. Mit einer Prozession wurde in jedem Jahr der Wiederauferstehung Osiris' gedacht. Thinis, die erste ägyptische Hauptstadt, befand sich ganz in der Nähe der Tempel von Abydos, man begrub ihre Könige hier bereits im Alten Reich. In der damit ältesten Nekropole des Landes entdeckten Archäologen immer neue Herrscher, weshalb der 1. Dynastie noch eine nullte vorangestellt werden musste. Interessantestes Bauwerk ist der Tempel Sethos' I. aus der 19. Dynastie mit einem siebenschiffigen Säulensaal sowie einigen besonders wertvollen Reliefs aus derselben Zeit. In der Königsgalerie im südlichen Flügelbau befindet sich die Königsliste, auf der fast alle Herrscher von König Menes aus der 1. Dynastie bis Sethos in zwei langen Reihen verzeichnet sind, chronologisch geordnet, insgesamt 76 Einträge. Abydos ist von Luxor aus mit dem Taxi erreichbar, Hin- und Rückfahrt für etwa 200 £E. *Tgl. 6–17 Uhr, Eintritt 20 £E*

Dendera **[121 F4]**

Fast auf halbem Wege zwischen Abydos und Luxor, unweit der Stadt Qena, lohnt der Hathor-Tempel von Dendera aus dem 1. Jh. v. Chr. einen Abstecher. Zusammen mit ihrem Sohn Ihi, dem Gott der Musik, wurde die Göttin Hathor seit dem Alten Reich hier verehrt. Am Eingang rechts, im Geburtshaus, verewigten sich Kaiser Augustus und nachfolgende römische Herrscher. An der Decke des mittleren Tempelraums sieht man eine Nachbildung des berühmten Tierkreises von Dendera. An der südlichen Außenwand des Tempels ist Kleopatra zusammen mit ihrem Sohn Caesarion abgebildet. Mehrere Hotels in Luxor bieten mehrstündige Lunch-Kreuzfahrten nach Dendera an. Fragen Sie im Mövenpick Jolie Ville oder im Luxor Sheraton! *Tgl. 6–17 Uhr, Eintritt 20 £E*

Edfu **[124 B2]**

★ Der Horus-Tempel in Edfu, 105 km südlich von Luxor, gilt als der besterhaltene des Landes. Erst 1860 wurde er freigelegt, einen Teil der exakt 1917 Jahre zuvor verbrachte er von Treibsand bedeckt oder bewohnt oder voller Gerümpel. Horus, der Gott in Falkengestalt und Sohn des Osiris, bewacht als Granitskulptur den Tempel im Eingangsbereich. Sehenswert: die Palmen- und Blütenkapitelle der Säulen und die Reliefs an den Wänden. *Tgl. 6–17 Uhr, Eintritt 35 £E*

Esna **[124 A1]**

Die Ruine des Chnum-Tempels in Esna, 60 km südlich von Luxor, stammt aus ptolemäischer Zeit und liegt mitten im Stadtzentrum, mehrere Meter unter dem heutigen Straßenniveau. Reliefs an den Wänden des Innenraums zeigen römische Kaiser in Pharaonentracht. *Tgl. 6–17 Uhr, Eintritt 15 £E*

Kom Ombo **[124 B3]**

Die Tempelanlage in Ufernähe ist zwei Gottheiten gewidmet, dem Krokodilgott Sobek (südlicher Teil des Baus) und dem falkenköpfigen Horus (nördlicher Teil). Kom Ombo gehört, genau wie Esna und Edfu, zum Standardprogramm aller Nilkreuzfahrten zwischen Luxor und Assuan. *Tgl. 6–17 Uhr, Eintritt 20 £E*

Fin de Siècle und Paradiesgärten

Alexandria, die einstige Perle am Mittelmeer, und Siwa, die Insel der Glückseligen, liegen nur wenige Autostunden voneinander entfernt

Nördlich von Kairo verzweigt sich der Nil in zwei Hauptarme, die, bevor sie ins Mittelmeer fließen, den mitgeführten fruchtbaren Schlamm ins Delta spülen. Unzählige Nebenarme und Kanäle bewässern ein Gebiet, das ohne Übertreibung als der Garten Ägyptens bezeichnet werden kann. Reisende durchfahren das Delta vor allem auf dem Weg nach Alexandria. Die Stadt am Mittelmeer, die Alexander der Große 332 v. Chr. gründete, gibt es mindestens zweimal: einmal als Mythos und einmal in der Wirklichkeit. Ihr Name klingt, als könnte man es gar nicht vermeiden, zu ihrer Beschreibung Wörter wie Ambiente und Flair zu verwenden. Er klingt nach großer Historie und zugleich nach mediterraner Strandpromenade, auf der die Hautevolee Europas und des Orients flaniert.

Das wirkliche Alexandria von heute, das die Ägypter Al-Iskanderiyya nennen, ist eine Industriestadt, die etwa 6 Mio. Einwohner hat. Man erreicht es aus Kairo mit dem Zug – oder dem Reisebus, der die Wüstenautobahn nimmt.

Moderne Architektur: Alexandrias Bibliotheca Alexandrina

Treff im Park des Montezahpalasts

ALEXANDRIA

[114 A1–2] An das Alexandria von früher erinnert nur noch wenig. Einst residierten hier die Ptolemäer-Könige, und Kleopatra beging hier Selbstmord. Mit der legendären *Bibliotheca Alexandrina* war die Stadt das Wissenschaftszentrum der Spätantike und besaß mit dem *Leuchtturm von Pharos* eines der Sieben Weltwunder.

Bis in die 1950er-Jahre hatte Alexandria den Ruf, die kosmopolitischste Stadt rund ums Mittelmeer zu sein. Allein 50 000 Griechen lebten hier, neben Italienern, Franzosen und Briten. Das macht auch die besondere Atmosphäre der Stadt aus: die Mischung aus Europa und Orient.

Die Corniche – die Hauptstraße, die in Alexandria am Meer entlang führt

Die Orientierung fällt leicht. Als schmaler Streifen zieht sich die Stadt zwischen Meer und *Maryut-See* entlang. In Höhe des Zentrums ragt die Halbinsel *Pharos* ins Meer, westlich wie östlich davon Hafenanlagen. Südlich der Corniche im Zentrum, etwa zwischen *Midan Saad Zaghlul* und *Midan Orabi*, kann man durch das europäische Alexandria bummeln und einiges vom alten Charme spüren.

SEHENSWERTES

Bibliotheca Alexandrina

Ihr Vorbild fiel 49 v. Chr. den Flammen zum Opfer. Die Architektur des Neubaus, eine angekippte Scheibe mit 160 m Durchmesser, ist sehenswert, ebenso die Sammlungen alter Manuskripte und historischer Alexandria-Fotos. *Al-Shatby, Mi–Mo 11–19, Fr/Sa ab 15 Uhr, www.bibalex.org, Eintritt 10 £E*

Fort Qait Bey

Ursprünglich stand an der Stelle der berühmte *Pharos-Leuchtturm*, der im 14. Jh. infolge eines Erdbebens zusammenstürzte. Der Festungsbau aus dem 15. Jh. beherbergt heute ein Marinemuseum *(Eintritt 10 £E). Im Osthafen, Sa–Do 9–14, Fr 9 bis 11.30 Uhr, Eintritt 6 £E*

Moschee Abu Al-Abbas Al-Mursi

Der jetzige Bau ersetzte 1943 den vorhergehenden und ist Alexandrias schönste Moschee. *Südlich des Forts Qait Bey an der Corniche*

Römisches Theater

★ 1964 wurde das Amphitheater freigelegt, es bot 800 Zuschauern Platz. Sehenswert: Bodenmosaike mit Vogelmotiven in der *Villa of the Birds. Kom Al-Dikka, Sharia Yussif, tgl. 9–17 Uhr, Eintritt 10 £E, Villa of the Birds 5 £E zusätzlich*

Insider Tipp

MUSEEN

Alexandria National Museum

Insider Tipp

2003 wurde die Ausstellung, gestaltet vom Italiener Maurizio De Paulo, im ehemaligen Bassili Pasha Palace eröffnet. Griechisch-römische, koptische und islamische Exponate auf drei Etagen. Sehr sehenswert!

Sharia Fouad, tgl. 9–17 Uhr, Eintritt 35 £E

Griechisch-Römisches Museum

★ Ägyptens bedeutendste Sammlung griechisch-römischer Altertümer. *5, Sharia Al-Mathaf Al-Romani, www.grm.gov.eg, tgl. 9–15 Uhr, Eintritt 30 £E*

ESSEN & TRINKEN

Insider Tipp **Abou Ashraf**

Ein Fischessen im legendären Abou Ashraf im volkstümlichen Viertel Al-Gomruk ist ein Vergnügen: buntes Treiben in der engen Gasse und auf den zweieinhalb Etagen des Restaurants sowie seefrischer Fisch, exzellent zubereitet. Kein Alkohol. *28, Sharia Safar Pasha, Tel. 03/481 65 97, tgl. 10–4 Uhr,* €–€€

Abou Gharib

Ausgezeichnete ägyptische Fleisch- und Gemüsegerichte, billig, sehr sauber. Kein Alkohol. *13, Al-Borsa Al-Qadima, Downtown, Tel. 03/480 86 68, tgl. 0–24 Uhr,* €

China House

Der Aufstieg auf die Dachterrasse des Hotels *Cecil* lohnt besonders an Sommerabenden. Hier befindet sich Alexandrias bestes chinesisches Restaurant. *16, Midan Zaghlul, Ramla, Tel. 03/487 71 73, tgl. 12–23 Uhr,* €€€

Coffee Roastery

Ausgezeichnetes Frühstück sowie hervorragende Kaffees, Espressi, Cappuccini. Beliebt bei Studenten und Abiturienten. *48, Sharia Al-Horriya, tgl. 10–24 Uhr*

Mohammed Ahmed

Der absolute *Fuul-* und *Taamiyya-*Spezialist in der Stadt. *17, Shakor Pasha, tgl. 6–2 Uhr,* €

Seagull

Das kuriose Ausfluglokal sieht aus wie Flohmarkt, Minizoo und Rummelplatz in einem, ist aber ein landesweit bekanntes und beliebtes Fischrestaurant. *14, Agami Road, Al-Max, Tel. 03/440 39 18, tgl. 12–24 Uhr,* €€€

MARCO POLO Highlights »Alexandria & Siwa«

★ **Römisches Theater**
In Ägyptens einzigem Amphitheater finden auch Freiluftkonzerte klassischer Musik statt (Seite 60)

★ **Griechisch-Römisches Museum**
Ägyptens größte Sammlung griechisch-römischer Altertümer (Seite 61)

★ **Wadi Natrun**
Die vier koptischen Wüstenklöster werden heute noch von Mönchen bewohnt (Seite 62)

★ **Oase Siwa**
Ägyptens abgelegenste Oase ist auch heute noch ein paradiesischer Garten (Seite 62)

EINKAUFEN

Attarin-Viertel
In den großen und kleinen Läden des Attarin-Viertels finden Sie alle Arten von Trödel und antiquarische Bücher. *Südlich der Sharia Al-Mitwalli*

ÜBERNACHTEN

Cecil Sofitel
Hotellegende aus der kosmopolitischen Ära der Stadt. *86 Zi., 16, Midan Saad Zaghloul, Tel. 03/ 487 71 73, Fax 485 56 55,* €€€

Metropole
Mit seinem alexandriatypischen Charme ist dieses schöne Hotel eine preisgünstigere Cecil-Variante, vor einiger Zeit renoviert. *66 Zi., Midan Saad Zaghlul, Tel. 03/ 486 14 65, Fax 486 20 40,* €€€

Union
Familiäre Pension mit Meerblick. Die Zimmer sind teilweise mit Bad ausgestattet. *40 Zi., 24, Sharia Amin Fikhry, Tel. 480 73 12, Fax 480 73 50,* €–€€

AM ABEND

Junge Alexandriner schwören auf die 2. Etage des *Green Plaza Centers, 15th of May Bridge Road, Semouha:* zahlreiche Cafés und beliebte Pubs wie das Cordon Rouge. Donnerstags und freitags Disko im *T-Café*

Alexandria Opera House
Liebevoll renoviert: Alexandrias altes Opernhaus, in dem auch Konzerte stattfinden. *46, Sharia Fouad, Tel. 03/486 51 06*

AUSKUNFT

Tourist Information
Midan Saad Zaghloul, Tel. 03/ 485 15 56

ZIEL IN DER UMGEBUNG

Wadi Natrun [114 A4]
★ Über die Wüstenautobahn Richtung Kairo, 120 km südlich von Alexandria, erreichen Sie das 30 km lange Tal mit vier heute noch bewohnten Klöstern. Ab dem 4. Jh. entstanden hier mehrere Dutzend Klöster, von denen die meisten ab dem 9. Jh. auf Grund zunehmender Überfälle wieder aufgegeben wurden. *Eintritt frei, Spenden erwünscht*

OASE SIWA

[0] ★ Ägyptens schönste Oase (20 000 Ew.) ist heute relativ leicht zu erreichen – mit dem Bus oder dem Auto von Alexandria über Marsa Matrouh in sechs bis acht Stunden. Die abgelegene Oase ist ein Paradiesgarten, eine »Insel der Glückseligen«, wie sie oft genannt wird. 250 000 Dattelpalmen und 50 000 Olivenbäume wachsen hier neben Orangen- und Zitronenbäumen, durchsetzt von 200 Quellen. Der Hauptort *Siwa Town* entstand um die Ruinen von Shali herum, einer festungsähnlichen Siedlung, die vor 800 Jahren oberhalb des heutigen Marktplatzes errichtet wurde. Die Alteingesessenen sind traditionsbewusste Berbernachfahren. Ihr Kunsthandwerk macht die Oase zu einem Paradies für Liebhaber von Silberschmuck, Bekleidung, Körben und Töpferwaren. Insider Tipp

SEHENSWERTES

Aghurmi
Vor 2500 Jahren wurde die antike Hauptstadt der Oase erbaut. Inmitten ihrer Ruinen befindet sich das legendäre Amun-Heiligtum, berühmt wegen seines sagenumwobenen Orakels. Schöner Ausblick über die ganze Oase. *3 km östlich von Siwa Town*

Sonnenquelle
Auch Kleopatra-Bad genannt, weil hier angeblich schon die Königin gebadet haben soll. *4 km südöstlich von Siwa Town*

MUSEUM

Siwan House
Ausstellung in einem typischen Lehmziegelhaus der Oase, die Kunsthandwerk, Musikinstrumente, Hochzeitskostüme und Alltagsgegenstände zeigt. *Siwa Town, nördlich von Shali, Sa–Do 10 Uhr bis gegen Mittag, Eintritt 1,50 £E*

ESSEN & TRINKEN

Mehrere einfache, aber gute Restaurants, wie z. B. das *Alexander the Great*, finden Sie in Siwa Town.

ÜBERNACHTEN

Shali Lodge
Einfaches, schönes Hotel in traditionellem Baustil im Zentrum des Hauptorts. *Siwa Town, Tel. 046/460 12 99, Fax 460 17 99,* €€

White Mountain
Siwas einzige Ecolodge: strikt umweltfreundlich, aber teuer. Keine Elektrizität, dafür biodynamisches Frühstück, Pool und ein herrlicher Blick auf die Wüstenlandschaft. *34 Zi., 15 km westlich von Siwa Town, Tel. 02/736 78 79,* €€€

AUSKUNFT

Tourist Office
Tgl. 9–14 und 18–22 Uhr, Tel. 046/460 23 38

Abenteuertrip: Wüstentouren haben ihren ganz besonderen Reiz

Bizarre Felsen, Wanderdünen und Palmenhaine

Die Reise durch das unendliche Sandmeer der Westlichen Wüste führt in eine fremde Welt am äußersten Rand der Zivilisation

Obststand in der Oase Dakhla

Bis heute lassen sich Ägypter nur schwer dazu überreden, aus dem fruchtbaren, aber dicht besiedelten Niltal wegzuziehen. Dabei warten westlich des Nils Palmengärten, Olivenhaine sowie Quellen, aus denen das Wasser von ganz allein sprudelt. Aber um dorthin zu gelangen müssen Hunderte von Kilometern zurückgelegt werden, durch einen der trockensten und heißesten Landstriche des Planeten – durch die Libysche oder Westliche Wüste.

Kairo am nächsten liegt die Oase Bahariyya, etwa 350 km entfernt. Von hier aus erreichen Sie in einem großen Bogen auf einer gut ausgebauten Landstraße die anderen Oasen – nach drei Stunden Fahrt Farafra, nach weiteren vier Stunden Dakhla und schließlich nach weiteren drei Stunden die Oase Kharga. Unterwegs erlebt man die Wüste als grandioses Naturschauspiel: Bizarre Felsen oder majestätische Wanderdünen, deren Muster immer neue Formen und Farben annehmen.

Die Pharaonen kontrollierten die Oasen vom Niltal aus, später beherrschten Griechen, Perser und Römer den Landstrich. Sie alle hinterließen Festungen, Tempel und Gräber, deren Ruinen seit Jahrhunderten Forschungsreisende anlocken.

Die alteingesessenen Oasenbewohner stammen von arabischen Beduinen bzw. nordafrikanischen Berbern ab. Täglich befahren Reisebusse die Strecke vom Turgoman-Busbahnhof in Kairo aus. Für alle Oasen gilt: Touren mit Kamel, Allradwagen oder Taxi können in den Hotels oder den Kaffeehäusern organisiert werden.

Bizarre Kalksteinformationen in der Libyschen Wüste

In der Oase Bahariyya finden Sie Reste römischer Anlagen

OASE BAHARIYYA

[O] ★ Valley of the Golden Mummies, Dinosaurierhimmel – das sind Namen, mit denen es Bahariyya (35 000 Ew.) vor kurzem bis in die Weltpresse schaffte. 1996 blieb der Esel eines Wachmanns in einem Loch hängen, das den Blick in ein Grab mit vergoldeten Mumien freigab – eine sensationelle Entdeckung. Archäologen hoffen, dort bis zu 10 000 Mumien aus römischer Zeit zu finden. Paläontologen stießen 2001 auf die Überreste eines der größten Saurier, die die Erde jemals besiedelten. Beide Fundstellen sind jedoch nicht zugänglich.

SEHENSWERTES

Antiquities Museum
Hier sind einige Funde aus dem Valley of the Golden Mummies zu sehen, unter anderem fünf golden verhüllte Mumien, deren Alter auf etwa 2000 Jahre geschätzt wird. *Tgl. 8–16 Uhr, Eintritt 6 £E*

Grab des Bannentiu Insider Tipp
Auf dem kleinen Hügel Qasr Selim in Bawiti befinden sich die Gräber des Zed-Amun-Efankh sowie des Bannentiu, Vater und Sohn, die im 5. Jh. v. Chr. lebten und Kaufleute aus dem Gebiet des heutigen Libyens waren. Das Bannentiu-Grab ist schön verziert mit Darstellungen der Götter Anubis, Osiris und Toth.

ESSEN & TRINKEN

Rashid Restaurant
Solide Auswahl an guten Fleisch-, Hähnchen- und Grillgerichten sowie süßem Gebäck und zum Tee danach eine Wasserpfeife. *Hauptstraße, am Ortseingang,* €

ÜBERNACHTEN

International Hot Spring Hotel
Drei-Sterne-Hotel mit eigenem Thermalbad, dessen eisenhaltiges Wasser Rheuma- und Arthritisleiden lindert. Sauna, Fitnessraum. *36 Zi., Bawiti, Tel./Fax 02/847 23 22, www.whitedeserttours.com,* €€

Oasis Panorama Hotel
Restaurant, kleiner Laden für Dinge des täglichen Bedarfs, inklusive Bier. *32 Zi., Bawiti, Tel. 02/ 847 33 54, Fax 847 38 96, www. oasispanorama.com,* €€

AUSKUNFT

Tourist Information
Im City Council, gegenüber der Polizeistation, Tel. 02/847 30 39, Sa bis Do 8.30–14 und 17–20 Uhr

OASE DAKHLA

[O] Dakhla ist eine Idylle. Kräftig hebt sich das Grün der Plantagen im Zwielicht der Dämmerung von dem rosa leuchtenden Steilhang ab, der die Senke begrenzt.

Die 80 000 Einwohner leben über die gesamte Oase verteilt in 16 Siedlungen. Hauptort ist das eher moderne *Mut.* Berühmt ist die Oase für ihre Töpferwaren, deren Formenreichtum ihresgleichen sucht. Insider Tipp

SEHENSWERTES

Altstadt Al-Qasr
★ Im Gewirr der Gassen befinden sich Perlen wie das über 700 Jahre alte Minarett der Sheikh-Nasr-Ed-Din-Moschee, Türbalken mit arabischer Kalligrafie oder die Gerichtskate. (Inoffizielle Führer besitzen alle Schlüssel, etwa 10 £E Trinkgeld.) Bitte unbedingt das 2002 eröffnete *Ethnographic Museum* ansehen, das historische Originalstücke aus dem Oasenalltag, Werkzeuge, Küchengeräte, Trachten usw., in authentischem Ambiente zeigt *(Eintritt 2 £E, Anmeldung tags zuvor am Vormittag im Tourist Office bei Omar Ahmed empfohlen!).* Insider Tipp

Deir Al-Haggar
Der römische Tempel aus dem 1. Jh. ist der thebanischen Göttertriade sowie Seth, dem Gott der Oase, gewidmet. *Tgl. 8–16 Uhr, Eintritt 20 £E*

ESSEN & TRINKEN

Ahmed Hamdy's Restaurant
Neben Fleisch- und Grillgerichten wird auch Bier serviert. *Neben dem Mebarez Hotel, tgl. 10–23 Uhr,* €

ÜBERNACHTEN

Mut Talatta Resort
Die Zimmer sind mit Bad und Deckenventilator ausgestattet. Warmwasserpool, Restaurant. *11 Zi., Tel. 092/782 15 30,* €€

MARCO POLO Highlights »Westliche Oasen«

★ **Altstadt Al-Qasr**
Kein Kern einer Oasensiedlung ist besser erhalten als das historische Zentrum von Dakhla (Seite 67)

★ **Oase Bahariyya**
Idyllische Gärten und ausgedehnte Palmenhaine 350 km südwestlich von Kairo (Seite 66)

Neue Oasen braucht das Land

Ein umstrittenes Kanalprojekt soll die Wüste in eine blühende Landschaft verwandeln

Toshka heißt das Projekt, und der Name wurde zu einer Art Zauberwort, mit dem Ägypten einige der drängendsten Probleme des Landes lösen will. Präsident Nasser fasste 1958 die Oasen Kharga, Dakhla und Farafra zum Governorat New Valley zusammen. 1997 wurde der Bau des Al-Sheikh Zayed Canals begonnen, der Wasser aus dem Assuan-Stausee in die Oasen Kharga und Dakhla und irgendwann nach 2015 bis Farafra leiten soll. Wenn Planer und Regierung Recht behalten, woran nicht wenige Fachleute zweifeln, würde sich die Fläche urbaren Landes in Ägypten innerhalb weniger Jahrzehnte versechsfachen. In dem neuen grünen Tal in der Sahara könnten Hunderttausende Jobs entstehen, Millionen Bauern, Handwerker und Angestellte würden aus dem eng besiedelten Niltal wegziehen.

AUSKUNFT

Tourist Office
Mut, Sharia Al-Thaura Al-Khadra, Tel. 092/782 16 86, tgl. 8–14 und 18 bis 21 Uhr

OASE FARAFRA

[O] Vor dem Bau der Asphaltstraße 1978 lebten etwa 1500 Menschen in Farafra, heute sind es fast 20 000, überwiegend Neuankömmlinge aus dem Niltal. Dattelpalmen- und Olivenplantagen bestimmen weithin die Landschaft, und in der ausgedehnten Ebene entstehen immer mehr neue landwirtschaftliche Siedlungen. Ganz anders als in den übrigen Oasen ist hier die Wüste ständig gegenwärtig. Farafra grenzt direkt an die ersten Dünen des Großen Sandmeers. Nirgends auf der Reise durch den Oasengürtel befindet man sich weiter vom Nil entfernt.

SEHENSWERTES

Farafra Art Museum
Die gesamte Galerie ist das Werk des Oasenkünstlers Badr – einschließlich des Hauses, das er aus Lehmziegeln selbst gebaut hat. *Unregelmäßig, aber fast tgl. geöffnet, Eintritt frei*

Weiße Wüste
Die Attraktion auf der Oasenrundreise ist eine Übernachtung in der *Sahra Al-Beida, der Weißen Wüste,* die 20 km nördlich von Farafra beginnt. Aus hellem Sandstein hat Winderosion magische Skulpturen geschaffen, die mal wie gigantische Pilze, mal wie Gnome aussehen. Bei Vollmond wirkt die dann fast weiße Landschaft wie elektrisiert. Unternehmen Sie Ausflüge nie ohne einen sachkundigen Begleiter! Preis pro Tour mit Übernachtung ab 250 £E pro Fahrzeug – Fahrer, Verpflegung und Decken inklusive.

Insider Tipp

ÜBERNACHTEN

El Badawiya Safari Hotel
Das beste Hotel der Oase. Restaurant. *22 Zi., Tel. 092/751 00 60, Fax 751 04 00. www.badawiya.com,* €

Oase Kharga

[120 A–B6] El-Kharga, der Hauptort, ist eine moderne, wenig attraktive Stadt mit über 50 000 Einwohner. Von Kharga aus erreichen Sie das Niltal mit dem Bus oder dem Zug, der auf der Strecke Kharga–Luxor derzeit jeden Freitag fährt.

SEHENSWERTES

Hibis-Tempel
Er war früher das Zentrum der alten Oasenhauptstadt Hibis. Die Perser stellten den Bau 522 v. Chr. fertig, die Römer vergrößerten ihn.

Museum of Antiquities
Die hier auf zwei Etagen gezeigten archäologischen Einzelstücke stammen allesamt aus der Westlichen Wüste. Sie sind pharaonischer, griechischer, römischer und islamischer Herkunft. *El-Kharga, Sharia Gamal Abd Al-Nasser, tgl. 8–15 Uhr, Eintritt 20 £E*

Nekropole El-Bagawat
Der Friedhof mit seinen Hunderten von Lehmziegelmausoleen gilt als eine der ältesten und besterhaltenen christlichen Begräbnisstätten weltweit. Die Kapellen stammen aus dem 4.–7. Jh. *Tgl. 8–16 Uhr, Eintritt 20 £E*

ÜBERNACHTEN

El-Dar El-Beda/White House
Bestes Billighotel der Oase. Kleines Restaurant mit ägyptischer Volksküche. *60 Zi., Midan El-Showla, Tel. 092/792 17 17,* €

AUSKUNFT

Tourist Office
Midan Al-Nasser, El-Kharga, Tel. 092/792 12 06, Fax 792 12 05, Sa–Do 8–14, Fr 8–10 Uhr

Oase Kharga: erfrischendes Bad in einer Quelle

Wo Gott zu den Menschen sprach

Majestätische Berge hüten das heilige Zentrum der Halbinsel, an ihren Rändern jedoch wird getaucht, gesurft, gefeiert und getanzt

Beduine am Küstenwanderweg

Egal, von wo Sie kommen, direkt aus Europa, aus Kairo oder von Hurghada – der Sinai ist innerhalb weniger Stunden gleichermaßen gut zu erreichen. Die Chartermaschinen aus Europa landen meistens in Sharm El-Sheikh, dem lärmenden Badeort an der Südspitze des Sinai mit seinen der Küste vorgelagerten Korallenriffen, die viele für die schönsten der Welt halten, in einem Meerwasser, das so klar ist, dass einem schwindlig wird, wenn man vom Boot aus in die Tiefe guckt.

Aber nur bei der Anreise mit dem Bus spürt man von Anfang an, dass der Sinai ein besonderer Ort ist. Die faszinierende Bergwelt zieht vorüber, majestätisch, still und geheimnisvoll, vor allem auf den Strecken nach Nuweiba und über das Katharinenkloster. Die Felsen leuchten in magischen Farben, hinter jeder Ecke tauchen neue bizarre Muster und Formen auf. Wissenschaftler aus aller Welt haben diesen biblischen Landstrich auf der Suche nach alttestamentarischen Belegen durchkämmt. Vermutlich mehrere Tausend Israeliten unter Führung des Propheten Moses durchwanderten ihn nach ihrem Auszug aus Ägypten ins Gelobte Land. Der Berg, auf dem Moses die Zehn Gebote empfangen haben könnte, erhebt sich unmittelbar südlich des Katharinenklosters, im Zentrum des Sinai.

Die Halbinsel, bereits Vorderasien, schiebt sich wie ein dreieckiger Keil zwischen die Kontinente Afrika und Asien, im Westen begrenzt durch den Golf von Suez und den Suezkanal, im Osten durch den Golf von Aqaba und die israelische Negev-Wüste, im Norden durch das Mittelmeer. Etwa 300 000 Menschen leben auf der Halbinsel, vor allem in den Küstensiedlungen. Die Ostküste bietet alles, was Touristenherzen begehren:

Der Coloured Canyon bietet ein beeindruckendes Naturschauspiel

Das Katharinenkloster liegt malerisch am Fuß des Mosesbergs

Luxusresorts und billige Bambushütten, Tanzbars, Technotempel, Tauch- und Surfschulen, schöne Strände – und Sonne das ganze Jahr.

DAHAB

[119 F3–4] ★ Die einstige Hippiehochburg zwei Autostunden nördlich von Sharm El-Sheikh hat in den 1990er-Jahren etwas von ihrem Charme verloren, aber seit einiger Zeit kümmern sich die vielen Tauchschulen-, Camp- und Strandcafébetreiber gemeinsam um ihren Ort. Mit Erfolg: Täglich sind Reinigungskolonnen unterwegs, seit einem Jahr gibt es eine neue Uferpromenade im Ortsteil Masbat/Assalah, südlich des Leuchtturms. Hier können Sie in Hüttendörfern billig in Strandnähe wohnen (Schlafsack nicht vergessen). Am Meer reihen sich die Strandcafés aneinander, auf Beduinenteppichen döst man bei Wasserpfeife und Woodstockmusik in den Tag hinein. 2004 eröffnete das *Dahab Turkish Bath, Mohamed Ali Camp, tgl. 11–23 Uhr.* Insider Tipp Das ägyptisch-jordanische Gemeinschaftsunternehmen bietet Sauna, Massage und Körperpeeling sowie Tee und Kaffee im stimmungsvollen Empfangssaal.

Am südlichen Ende finden Sie den Basar von Assalah. Einige neue Luxusresorts entstanden 1,5 km südwestlich in der Dahab Bay. Vielleicht zieht das eigentliche Publikum, Backpacker und Hippies aus aller Welt, deshalb langsam Richtung Norden weiter, nach Tarabin und anderen Siedlungen nördlich von Nuweiba.

ESSEN & TRINKEN

Nach Sonnenuntergang ist der Uferstreifen südlich des Leuchtturms komplett auf Abendessen eingestellt. Man bummelt endlos an Eisbetten voller Fisch vorbei *(Gerichte ab 10 £E).* Beliebt sind das *Tota,* ein Pub in einer Fregatte *(€–€€),* das *Friends* mit Haifischsteak, Gemüsegerichten, leckeren Saucen *(€€, beide tgl. 10–2 Uhr)*, das China-Restaurant *Neptune* im gleichnamigen Billighotel *(€€)* sowie das *Lakhbatita* mit italienischer Küche und Holzmöbeln von Kairoer Flohmärkten *(€€, beide tgl. 12–23 Uhr)*. Frühstückstipp: Büfett für 20 £E auf der Oberterrasse des *Nesima*, Meerblick und echter Filterkaffee inklusive!

ÜBERNACHTEN

Insider Tipp

Nesima Resort
Schönstes Hotel im Herzen von Dahab. Swimmingpool am Meer, kleine gemütliche Steinhäuschen, Tauchschule, Bar und Restaurant. Letzteres gilt als eines der besten im Ort (Steaks in allen Variationen). *51 Zi., Tel. 069/364 03 20, Fax 364 03 21, www.nesima-resort.com, €€*

Swiss Inn Golden Beach Resort
Sehr gutes Vier-Sterne-Hotel an schönem Privatstrand. *147 Zi., Tel. 069/364 00 54, Fax 364 04 70, www.swissinn.net, €€€*

KATHARINENKLOSTER

[119 D3] ★ Das Kloster ist Ziel von Pilgern aus aller Welt. Vor über 1400 Jahren ließ es der römische Kaiser Justinian I. errichten, an der Stelle, so sagt man, an der Gott Moses im Brennenden Dornbusch erschien. Heute leben in der kleinsten Diözese der Welt, einer griechisch-orthodoxen, 23 Mönche. Das Kloster besitzt neben dem Vatikan das weltweit wertvollste Archiv christlich-religiöser Manuskripte. Einen kleinen Teil des Klosters öffnen die Mönche den Besuchern. Sie zeigen ihnen Ableger des Brennenden Dornbusches sowie Handschriften und einen Teil der Ikonensammlung. Höhepunkt ist die schöne *byzantinische Basilika*. Viele Besucher unternehmen eine Nachtwanderung auf den *Mosesberg*, um dort den wunderschönen Sonnenaufgang zu erleben. *Mo–Do und Sa 9–11.45 Uhr, an griechisch-orthodoxen Feiertagen geschlossen*

MARCO POLO Highlights »Sinai«

★ **Katharinenkloster**
Weltberühmtes Kloster griechisch-orthodoxer Mönche inmitten einer grandiosen Bergwelt (Seite 73)

★ **Ras Mohammed**
Mangrovenhaine, Felsen und Korallenriffe im Nationalpark an der Südspitze des Sinai (Seite 77)

★ **Dahab**
Bekannter Treffpunkt von Hippies und Möchtegern-Aussteigern (Seite 72)

★ **Coloured Canyon**
Farbenprächtige Schlucht westlich von Nuweiba (Seite 74)

ÜBERNACHTEN

Catherine Plaza
Das beste Hotel im Ort, gebaut aus dem rötlichen Granitstein der Gegend. Klimatisierte Zimmer mit Balkon, im Winter beheizter Swimmingpool, Restaurants und Nachtbar. *147 Zi., Tel. 069/347 02 89, Fax 347 02 92, €€–€€€*

Guesthouse St. Catherine
In der jüngst umgebauten Herberge des Klosters gibt es einfache Zimmer mit eigenem Bad. Die Rezeption ist geöffnet von 8 bis 21 Uhr. *52 Zi., Am Kloster, Tel./Fax 069/ 347 03 53, €€*

NUWEIBA

[119 F2] Nur wenige Reisegruppen kommen hierher, aber Nuweiba hat Fans, die auf den kleinen Ort 70 km südlich der Grenze zu Israel und seine Menschen schwören. Er wirkt beschaulich und aufgeräumt, im Zentrum finden Sie kleine Geschäfte, Restaurants und eine Apotheke. Touren in die Bergwelt des Sinai sind hier billiger als anderswo: Auskunft in den Kaffeehäusern und in den Camps von Nuweiba bzw. Tarabin oder im Habiba Village. Vom Hafen Nuweibas fahren täglich Fähren ins jordanische Aqaba *(ab 32 $, www.jordansinaihotels.com/transptrips.htm)*. Das Visum für Jordanien erhalten Sie dort.

ESSEN & TRINKEN

In den Hotels essen Sie gut, billiger aber ist es im Ortskern von Nuweiba, nahe der Telefonzentrale, wo eine Reihe einfacher Grillrestaurants ägyptische Speisen serviert, u. a. *Dr. Shishkebab, tgl. 9–24 Uhr, €*, eine Institution im Ort. Unter den drei (!) chinesischen Restaurants gilt das *Han Kang unweit vom Helnan, tgl. 12–24 Uhr, €*, als das beste.

ÜBERNACHTEN

Basata Camp Insider Tipp
Einfache Hütten aus Naturmaterial. Es wird konsequent auf Umweltverträglichkeit geachtet. Familiäre Atmosphäre, kein Lärm, kein Alkohol, unbedingt reservieren! *16 Hütten, Taba Road, 22 km nördlich von Nuweiba am Strand, Tel. 069/ 350 04 81, www.basata.com, €*

Habiba Village
Einfache, romantische Bungalows in Strandnähe mit Bad und Warmwasser. Umfangreiches Tourenprogramm, unter Wasser wie in den Bergen, inklusive Kamelreitschule. *Nördlich des Helnan Hotels, Tel./ Fax 069/350 07 70, www.sinai4you.com/habiba/, €–€€*

Hilton Coral Resort
Beachresort mit schönem Strand und ausgedehnten Gärten. Der Swimmingpool ist im Winter beheizt. *200 Zi., 20 Gartenhäuser, in Hafennähe, Tel. 069/352 03 20, Fax 352 03 27, €€€*

ZIELE IN DER UMGEBUNG

Coloured Canyon **[119 F2]**
★ Das schmale Tal trägt seinen Namen zu Recht: Die von Wasser, Wind und Sand geschliffenen Felsen mit den unterschiedlichsten Gelb-, Braun und Rottönen und den geheimnisvollen Mustern sind ein eindrucksvolles Naturschauspiel. Insider Tipp

Wellness und Entspannung

Wasser, Sonne und Sand – der ideale Elementemix für Heilkuren aller Art

Für Asthmatiker und Allergiker ist besonders die trockene und pollenfreie Luft in den Wüsten westlich des Nils und in Nähe des Roten Meers bekömmlich. Ideal bei Schuppenflechte, Rheuma und Arthritis sind das heiße Klima in Ägypten, die starke Sonneneinstrahlung mit ihrem hohen Gehalt an UV-Strahlen sowie das salzige Meerwasser des Roten Meers. Tipp: 50 km südlich von Ras Sudr an der Küste des Westsinai fließt eine heiße schwefelhaltige Quelle ins Meer. Das *Hammam Faraoun* (Pharaonenbad) wird auch von Beduinen bei Rheumaleiden aufgesucht. Das *International Hot Spring Hotel* in der Oase Bahariyya besitzt eine eigene eisenhaltige Tiefenquelle und bietet auch Entschlackungsbäder in heißem Wüstensand an – beides eignet sich ebenfalls bei Rheuma, Arthritis und Schuppenflechte.

Eine Tour kostet pro Tag inklusive Verpflegung, Transport und Führung ab etwa 50 *£E* – egal, ob mit dem Jeep oder dem Kamel. Besonders reizvoll ist es, den Ausflug mit einer Übernachtung in der Wüste zu verbinden. Sie brauchen dazu nur einen Schlafsack, festes Schuhwerk und warme Kleidung.

Eilat [119 F1]

Nach einer einstündigen Autofahrt Richtung Norden erreichen Sie die israelische Grenze. Ein Tagesausflug ins israelische Eilat ist möglich, für die Rückkehr brauchen Sie jedoch ein Wiedereinreise- oder Mehrfachvisum. Im gesamten malerischen Küstenstreifen gibt es billige Strandcamps wie auch exklusive Fünf-Sterne-Hotels, etwa die aus mehreren Luxushotels bestehende Anlage *Taba Heights* in *Taba, www.tabaheights.com.* Nach dem Bombenanschlag auf das Taba Hilton im Oktober 2004 wurden die Sicherheitsvorkehrungen überall auf dem Sinai verschärft.

Tarabin [119 F2] Insider Tipp

Dahab-ähnliches Hippiedorf 2 km nördlich von Nuweiba in einer malerischen Bucht. Hier kann man billig wohnen oder auch nur baden oder in einem der Strandrestaurants essen, z. B. im *White Palace* oder im *Blue Bus.*

SHARM EL-SHEIKH

[119 E5] Ende der 1980er-Jahre setzte der große Boom ein: Aus dem einstigen kleinen Fischerdorf an der Südspitze des Sinai entwickelte sich im Zeitraffertempo ein Strandparadies für Pauschalurlauber. Taucher aus aller Welt waren die Ersten, die kamen, angelockt von der Pracht der Korallenriffe. Sie machen auch heute noch einen Hauptanteil der Touristen aus. An

Die Naama Bay in Sharm El-Sheikh bietet alle Freuden eines Badeurlaubs

die 50 Tauchschulen kümmern sich um sie, stellen Ausrüstung auf hohem technischem Niveau bereit und organisieren Tauchtouren. Alle anderen Touristen vertreiben den Müßiggang mit Schnorcheln, Surfen, Sonnenbaden und abends Ausgehen. In der *Naama Bay* kann man Fahrräder, Motorräder und Buggys mieten.

Sharm El-Sheikh erstreckt sich heute 20 km nach Norden am Strand entlang. Der ursprüngliche Ort im Süden, die Unterstadt, besitzt einen kleinen Basar, ein paar einfache Restaurants und Imbissbuden sowie auf einer Anhöhe Richtung Ras Umm Sid das zentrale Verwaltungsgebäude mit Polizei und Touristenpolizei. In der Naama Bay, der ehemals schönsten Bucht des Sinai, haben sich viele große internationale Hotelketten niedergelassen. Hier befindet sich links und rechts des Hotels Sanafir die touristische Flanier- und Shoppingmeile des Orts.

ESSEN & TRINKEN

Al-Fanar
Populäres Strandlokal. Pizza, Fisch, ägyptische Speisen. *Ras Umm Sid, am Leuchtturm, tgl. 11–24 Uhr,* **€–€€**

Rangoli
Exzellentes indisches Restaurant mit schönem Ausblick von der Terrasse über die Naama Bay. Reservieren! *Sofitel Coralia Resort, Naama Bay, Tel. 069/360 00 81, tgl. 19–23.30 Uhr,* **€€€**

Rosmarino
Bester Italiener auf dem Sinai. *Le Méridien Sharm El-Sheikh, Tel. 069/360 25 00, tgl. 18–24 Uhr,* **€€–€€€**

Sinai Star
Gutes, günstiges Fischrestaurant. Frischer Seefisch, Hummer, hervorragend zubereitet. Kein Alkohol. *In Basarnähe, tgl. 12–22 Uhr,* **€**

ÜBERNACHTEN

Amar Sina
Geheimtipp, zwar nicht am Meer, aber Shuttle-Bus zum eigenen Strand. Besonders schönes, verspielt gestaltetes, familiäres Resort mit Pool und Kinderbauernhof. *101 Zi., Hadaba, Nähe Ras Umm Sid, Tel. 069/366 22 22, Fax 366 22 33, amarsina@sinainet.com.eg,* €€

Sanafir Hotel
Der Klassiker unter den Hotels der Naama Bay befindet sich unweit vom Strand, aber direkt an der Flaniermeile. Lautes Nachtleben. *Naama Bay, Tel. 069/360 01 97, Fax 360 01 96,* €€

Shark's Bay Bedouin Home
Das immer noch idyllische Camp war das erste an der Shark's Bay. Gut ausgestattete Hütten und Bungalows an einem Felshang, mit Blick direkt aus den Betten über den Golf von Aqaba. Gemeinschaftsduschen. *76 Zi., Shark's Bay, Tel. 069/360 09 43, Fax 360 09 41, www.sharksbay.de,* €

AM ABEND

Fast alle Hotels betreiben eigene Bars und Diskotheken. Populär: *Mojo* im Iberotel Lido, *Camel Bar* im Camel Dive Club Hotel

Hard Rock Café
Täglich ab Mitternacht Disko und fast immer voll. *Naama Bay, tgl. 13–3 Uhr, Eintritt 20 £E inklusive eines Freigetränks*

Pacha
Was mit dem legendären *Busstop* hinter dem roten, in die Fassade eingelassenen Doppelstockbus begann, wurde im April 2004 zum Clubbing-Imperium Pacha: der *Pacha Nightclub* mit seinen legendären House Nation Partys, das *Pacha Boat* sowie der *Echo Temple* für regelmäßige Openair-Großevents vor einer grandiosen Felsenkulisse 7 km draußen in der Wüste. *Naama Bay, im Sanafir Hotel, www.sharmevents.com*

Insider Tipp

FREIZEIT & SPORT

Ghibli Raceway International
Neu eröffnete, moderne Gokart-Rennbahn mit vier Pisten für alle Altersklassen sowie Helm- und Overall-Ausleihe. *Airport Road, südlich der Einfahrt zum Hyatt Regency Hotel nach rechts, www.ghibliraceway.com/, tgl. 12–1 Uhr*

Ice Skating Center
Ganz neu: Die erste Eislaufbahn des Orts. *Im Hotel Concorde El Salam, tgl. 10–22 Uhr, Eintritt 10 Euro inklusive Schlittschuhausleih*

ZIEL IN DER UMGEBUNG

Ras Mohammed **[119 E6]**
★ 3 km weit ragt die schmale Halbinsel ins Rote Meer. Sie besteht aus fossilen Korallen, die an die Oberfläche gedrückt wurden. Am *Shark's Observatory* kann man aus 50 m Höhe auf die Riffe unter der Wasseroberfläche sehen und mit etwas Glück Haie bei der Jagd beobachten. Das gesamte Areal gehört zu einem Nationalpark, an dessen südöstlicher Seite sich eine Mangroveninsel befindet. *20 km südlich von Sharm El-Sheikh, tgl. von Sonnenaufgang bis Sonnenuntergang, Reisepass mitnehmen, Eintritt 10 Euro*

mares

Lagunen, Korallenriffe und Sandstrände

An der Küste des Roten Meers pulsiert der Bade- und Spaßbetrieb das ganze Jahr über

Über 1000 km erstreckt sich die Küste, die das ägyptische Festland von der Nordspitze des Golfs von Suez bis zur sudanesischen Grenze im Süden mit dem Roten Meer verbindet, parallel zum Tal des Nils, der in mindestens 140 km Entfernung fließt. 1000 km weißer Sandstrand und felsige Buchten, Palmenhaine, Korallenriffe und im Hinterland rötlich leuchtende Gebirgshänge. Insha'Allah, so Gott will, wird innerhalb der nächsten zehn, 15 Jahre ein beträchtlicher Teil dieses Landes mit Feriensiedlungen, künstlichen Städten, Tauch- und Surfcentern zugebaut sein. Die Regierung will es, private Investoren wollen es auch und europäische Reiseveranstalter sowieso. Irgendjemand führte das Schlagwort »Riviera des Nahen Ostens« ein, und inzwischen ist diese Vision Wirklichkeit.

Das touristische Völkergemisch ist reizvoll und nervend gleichermaßen. Die meisten Urlauber kommen aus Deutschland, den Beneluxstaaten, Italien und den GUS-Staaten. Was im konservativen Oberägypten blankes Entsetzen hervorrufen würde, hier geht es: Halb nackte Russinnen reiben sich bei so genannten Miss-Wahlen und Fashionshows die Leiber auf der Bühne aneinander, bis in den Morgen wird in Bars und Diskotheken getanzt und getrunken und am nächsten Nachmittag oben ohne am Clubstrand in der Sonne gelegen.

Eine schillernde Unterwasserwelt erwartet Taucher im Roten Meer

Hurghada ist das Zentrum dieses Trubels, mit über 100 aneinander gereihten Beachresorts, unterbrochen nur von Baustellen. 22 km nördlich davon befindet sich das elegante El-Gouna. Bei Marsa Alam, 300 km südlich von Hurghada, wurde jüngst ein weiteres Areal mit noch unberührten Stränden und Buchten erschlossen. Auf Grund der relativen Nähe bieten sich Ausflüge ins Niltal, z. B. nach Luxor an. Sie sollten dort auf jeden Fall eine oder mehrere Übernachtungen einplanen! Mit dem Katamaran erreicht man auch den Sinai schnell, von Hurghada in anderthalb Stunden.

Vorzeigeobjekt: Hotelstadt El-Gouna

El-Gouna

[123 D1] ★ Für viele hat die Siedlung 22 km nördlich von Hurghada einen Nachteil: Sie ist komplett am Reißbrett entstanden und eine Spur zu perfekt. Für andere ist genau das der Vorteil. Viele der Bausünden in Hurghada konnten hier vermieden werden. Die Anlage mit den derzeit 14 pastellfarbenen Hotels, gestaltet von internationalen Stararchitekten, fügt sich harmonisch in die Landschaft ein, ergänzt durch ein Netz teilweise künstlicher Lagunen. Nahezu alle Zimmer in El-Gounas Hotels haben Wasserblickaber nur wenige Hotels besitzen einen eigenen Meeresstrand. Ein durch die Lagunen fahrendes Shuttleboot verbindet die Hotels deshalb mit dem *Zeituna Beach*. Der *Mangroovy Beach* an der nördlichen Spitze El-Gounas ist der beliebteste Strand: Wind- und Kitesurf-Zentren, zwei Bars, mehrmals wöchentlich Beachpartys. El-Gounas künstlicher Ortskern heißt *Kafr El-Gouna*, wird aber einfach Downtown genannt. Hier kann man bummeln, einkaufen und abends in den Kaffeehäusern entspannen. Reizvolle Hafenatmosphäre bietet die *Abu Tig Marina* – enge, romantische Gassen mit Kopfsteinpflaster, Straßencafés, Pubs und Boutiquen. El-Gouna besitzt eine Reitschule, Tauchclubs, einen Golfplatz, eine Gokartbahn und soll ab 2005 komplett zum Wireless-LAN-Hotspot werden. Einen deutschsprachigen Rundumservice vor Ort bietet *El Gouna Exclusive Services, Tel. 012/232 00 50, www.elgouna-exclusive.com:* Mietautos (Smart for four), Boote, Apartments. Zwischen Hurghada und El-Gouna pendeln in kurzen Abständen Busse der Firma El Gouna Transport (5 £E). Das macht die Feriensiedlung auch interessant für Tagesausflügler aus Hurghada – und umgekehrt. Auskunft: *Infocenter, Downtown, Tel. 065/354 97 02, tgl. 10–13 und 15–22 Uhr, www.elgouna.com*

Essen & Trinken

Garo's Snack Stop
Libanesische und armenische Gerichte im freundlichen, familiär geführten Bistro. *Downtown, unweit des Ebeid Supermarket, tgl. 12–22 Uhr,* €–€€

La Scala
Hervorragendes italienisches Restaurant im Hafenareal der Marina.

Abu Tig Marina, tgl. 17–24 Uhr, €€–€€€

Insider Tipp

Sand Bar

Das In-Lokal schlechthin. Mexikanische und amerikanische Küche, Billard, 10 000 Musiktitel zur Auswahl. *Downtown, tgl. 12–24 Uhr, Tel. 065/54 21 23,* €€–€€€

Insider Tipp

The Hut

Ausgezeichnete Fischgerichte direkt am Strand unter Palmendächern. Preisgünstig. *Abu Tig Marina, ganz am nördlichen Ende, tgl. 12–24 Uhr,* €–€€

ÜBERNACHTEN

Ali Pasha

Romantische Pension mit orientalischer Anmutung, Swimmingpool und indischem Restaurant. *34 Zi., Abu Tig Marina, Tel./Fax 065/358 00 88,* €€

Arena Inn

Preisgünstigstes Hotel am Ort, komfortable Zimmer mit Satelliten-TV. Pool. *141 Zi., Downtown, Tel. 065/358 00 87, Fax 358 00 79,* €€

Turtle's Inn

Quietschbuntes kleines Boutiquehotel direkt am Hafen mit Dachterrassen-Kaffeehaus und Tauchschule. *29 Zi., Abu Tig Marina, Tel./Fax 065/358 01 71, www.turtles-inn.com,* €€

AM ABEND

Beliebt sind Bars wie das *Studio 52* (einmal pro Woche Livemusik) und der kleine *Smugglers Pub* (beide Abu Tig Marina, unweit Captain's Inn Hotel). Fast jeden Freitag um 20 Uhr startet ein *Hafenfest* in der Abu Tig Marina mit Livebands, Speisen und Getränken. Samstagabend oft *Straßenfest* in den Gassen von Kafr El-Gouna. Die *Palladium Discotheque* wird seit Ende 2004 vom Club Med betrieben, donnerstags Disko mit Showprogramm und Hightech-Lichtanlage. Gelegentlich Livekonzerte. Außerdem gibt es in El-Gouna ein Kino.

MARCO POLO Highlights »Rotes Meer«

★ **El-Gouna**
Die pastellfarbene Lagunensiedlung direkt am Meer ist Ägyptens elegantestes Urlauberparadies (Seite 80)

★ **Antonius- und Pauluskloster**
Inmitten malerischer Berge: zwei der ältesten koptischen Klöster des Landes (Seite 84)

★ **Quseir**
Romantische Hafenstadt, die sich ihren verschlafenen Charme bewahren konnte (Seite 85)

★ **Hurghada**
Freizeitparadies am Roten Meer – Surfen, Tauchen, Wasserski vor endlosen Sandstränden (Seite 82)

ZIELE IN DER UMGEBUNG

Gobal Island/ Tawila Island [119 D6]

Das deutsch-ägyptische Unternehmen CBS organisiert Tagestrips auf die beiden unbewohnten Inseln nördlich von El-Gouna. Schwimmen, Sonnenbaden und Schnorcheln an idyllischen Stränden. *Motorboot inklusive Skipper für 6–10 Passagiere pro Tag etwa 130 Euro, Tel. 012/312 68 31, www.cbs-yachting.de*

HURGHADA

[123 D1] ★ Innerhalb von 20 Jahren wurde aus dem kleinen, verschlafenen Fischerdorf mit ehemals nur zwei Hotels ein Ferienparadies, das sich endlos am Strand entlangzieht und in dem 50 000 Ägypter überwiegend vom Tourismus leben. Diese Explosion muss man mindestens als unkontrolliert bezeichnen. In der Realität hat Hurghada viel von seinem einstigen Charme eingebüßt, weil Investoren sich zwar meistens an die Regel hielten, kein Hotel höher als drei Stockwerke zu bauen, am Ende aber die Landschaft mit 30 km aneinander gereihter Feriensiedlungen verschandelten, Clubhotels, die fast alle nach demselben Schema gebaut sind: Swimmingpool und Garten in der Mitte, umgeben von einem Ring an Apartmenthäusern, der zum Strand hin offen ist.

Der Freizeitwert indes ist hier höher als sonst irgendwo im Land. Über 100 Tauchclubs buhlen um Kundschaft, Surfcenter verleihen Segelbretter, man kann Jetski fahren, schnorcheln, hochseefischen, zu einsamen Inseln auslaufen oder einfach am Strand oder Pool liegen. Dutzende Reisebüros bieten Touren zu entlegeneren Zielen an, z. B. nach Kairo. Die Fahrt mit dem Katamaran nach Sharm El-Sheikh können Sie landesweit in einem der Travco-Büros buchen sowie in Ihrem Hotel oder unter *Tel. 065/344 75 71*. Busse, Taxis und Privatwagen unterwegs ins Niltal fahren aus Sicherheitsgründen zwischen Safaga und Luxor immer noch im Konvoi unter Polizeibegleitung.

In Hurghadas Zentrum mit dem Namen *Al-Dahar*, ganz im Norden, finden Sie den Basar, die billigsten

In Hurghada gibt es alles, was Urlauber sich wünschen

Hotels des Orts, ein Postamt und die Telefonzentrale sowie günstige Restaurants und Imbisse mit ägyptischen Volksgerichten.

SEHENSWERTES

Red Sea Dolphin
Glasbodenboot, das täglich zweimal in See sticht und Panoramablicke in die Unterwasserwelt bietet. *Tel. 065/344 41 46 oder 344 45 91, Preis etwa 25 Euro*

Sindbad U-Boot
Unterwassererlebnis, ebenfalls ohne nass zu werden. Das U-Boot bringt 44 Passagiere in 22 m Tiefe. *Tgl. Tauchgänge, Tickets über Tel. 065/344 46-88, -89, -90 oder an der Hotelrezeption, 45 Euro pro Person*

MUSEEN

Aquarium
Hier können sie an beschrifteten Glasbecken vorab Bekanntschaft mit jenen farbenprächtigen Fischen schließen, die Ihnen später unter Wasser begegnen. *6, Sharia Corniche, nördlich des Three Corner Village, tgl. 9–22 Uhr, Eintritt 10 £E*

Museum of Marine Biology
Einblick in Flora und Fauna des Roten Meers, einschließlich der Korallenlandschaft. *5 km nördlich der Stadt, tgl. 8–17 Uhr, Eintritt 5 £E*

ESSEN & TRINKEN

Felfela
Ausflugslokal mit ägyptischer Küche, Hafenblick. *Zwischen Holiday Inn und Sheraton Hotel, Tel. 065/344 24 10, tgl. 10–1 Uhr,* €

Portofino
Italienische und ägyptische Küche mit sehr guten Nudel- und exzellenten Fischgerichten. *Sharia Mustashfa Al-Aam, Al-Dahar, Tel. 065/354 62 50, tgl. 13–24 Uhr,* €€

Red Sea Restaurant
Eines der besten Fischrestaurants im Ortskern von Hurghada, serviert auch ägyptische Gerichte. Die romantische Dachterrasse ist abends oft voll. *Al-Dahar, neben Bank Al-Ahli, Tel. 065/354 77 04, tgl. 10–24 Uhr,* €€

ÜBERNACHTEN

Green Palace Hotel
In Strandnähe, gegenüber dem Hilton Plaza Hotel, können Sie hier billig, sauber und nah an Hurghadas Downtown Al-Dahar wohnen. Das Hotel wurde 2001 renoviert, der Service ist freundlich. *30 Zi., Corniche Road, Dahar, Tel. 065/354 83 68, Fax 354 04 53,* €–€€

Jasmine Village
Natursteinbungalows in schöner, weitläufiger Gartenanlage. Sehr gute Tauchschule, Surfcenter, Tennis, Squash, besonders kinderfreundlich. *480 Zi., Tel. 065/344 64 42, Fax 344 64 41, www.tut2000.com/redsea/jasmine/,* €€–€€€

Oberoi Sahl Hasheesh Insider Tipp
Neueröffnung in arabischer Architektur am südlichen Ende von Hurghada. Man wohnt ausschließlich in edlen Suiten. Schöner, langer Privatstrand. *104 Suiten, Tel. 065/344 07 77, Fax 344 07 88, www.oberoihotels.com/oberoi/egypt/sahl/,* €€€

Snafer Hotel
Günstig, in Strandnähe, saubere, klimatisierte Zimmer mit Balkon. *24 Zi., Sharia Dr. Said Korayem, Al-Dahar, unweit des Hospitals, Tel./Fax 065/354 02 60, €*

AM ABEND

Kein besseres Hotel ohne Bar und/oder Disko, oft inklusive Russian Show! Es werden meistens die aktuellen Charts gespielt. Derzeit populär sind *The Dome* im Hotel Inter-Continental und die *Jungle Disco* im Grand Hotel. Alles ist stark saisonabhängig. Aktuelle Veranstaltungstipps, meistens in Englisch, finden Sie in verschiedenen kostenlosen Broschüren, erhältlich in Cafés und Pubs wie dem Papa's One und in Fastfoodrestaurants.

Kalaboush
Täglich wechselnde Themenabende in der derzeit angesagtesten Disko in Hurghada, zumindest während der Saison. *Arabella Hotel, Arabia Road, tgl. ab 23 Uhr*

Insider Tipp **Papa's**
Die beiden Pubs, *Papa's One (Sheraton Road, gegenüber Aqua Sun)* und *Papa's II (neben dem Shedwan Hotel)*, und die Stranddisko *Papa's Beach Club (Nähe Little Mermaid Square)* gehören zu den populärsten Nightlifespots. Regelmäßig Livemusik und Gastauftritte europäischer DJs. Infos und Programm: *www.papasbar.com*

AUSKUNFT

Tourist Information
Gegenüber dem Grand Hotel, neben dem Büro der Egypt Air, Tel. 065/344 44 20 und 344 44 21, Sa–Do 8–20 Uhr

ZIEL IN DER UMGEBUNG

Antonius- und Pauluskloster **[118 A2]**
★ Drei Stunden mit dem Reisebus Richtung Norden dauert die Fahrt zum *Deir Al-Qaddis Antwan*, dem Kloster des hl. Antonius, der hier in einer Höhle als Eremit lebte. Das älteste und größte koptische Kloster in Ägypten wurde Ende des 4. Jhs. gegründet und im 15. Jh. von Beduinen zerstört. Besonders sehenswert in der Anlage mit ihren Gassen, Kapellen, kleinen Häuschen und Gärten ist die dreischiffige *St.-Antonius-Kirche* aus dem 6. Jh. Das *Kloster des hl. Paulus*, der zur selben Zeit wie Antonius in einer Berghöhle lebte, befindet sich nur 12 km Luftlinie – eine halbe Autostunde – entfernt. Zwischen den beiden Klöstern gibt es einen schönen mehrstündigen Bergpfad, den Sie aber nur in Begleitung eines der Mönche gehen sollten. *Tgl. 9–15 Uhr, außer an koptischen Feiertagen*

MARSA ALAM

[O] Als gälte es, die verlorene Zeit aufzuholen, wird seit dem Aufheben der militärischen Sperrgebietszone südlich von Marsa Alam vor einigen Jahren ein Tourismusprojekt nach dem anderen eingeweiht – sehr zum Leidwesen der Taucher, die seit zwei Jahrzehnten schon mit Schiffen hierher kommen, um die schönsten Korallenriffe des Landes zu sehen. 2001 eröffnete der moderne Flughafen Marsa Alam 50 km nördlich des Orts, bezeich-

Das koptische Antoniuskloster ist noch immer Anziehungspunkt für Pilger

nenderweise mit einer Chartermaschine der Condor aus München kommend, mit 252 sonnenhungrigen Deutschen an Bord. Zehn Hotels mit 3000 Betten gibt es bereits in der Region, 40 weitere Hotels werden derzeit gebaut. All inclusive lautet die Devise, Rundumversorgung einschließlich der üblichen Tauchschulen, Surfclubs sowie anderer Sport- und Freizeitaktivitäten.

Bis nach Hurghada sind es etwa 300 km, nach Edfu im Niltal 200 km. Von wenigen Ausflügen abgesehen, kann man sich also völlig der traumhaft schönen Gegend widmen. Etwas Besonderes sind die beiden Ecolodges, die 20 km nördlich von Marsa Alam entstanden, *Ecolodge Marsa Nakari* und *Ecolodge Marsa Shagra*, einfache Steinhütten am Meer, ohne Zivilisationsmüll und Touristentrubel. *Infos und Buchung bei Red Sea Diving Safari, Tel. 02/337 99 42, Fax 74 94 19, www.redsea-divingsafari.com,* €€

Insider Tipp

QUSEIR

[123 E4–5] ★ Besonders idyllisch, überschaubar und überraschend sauber ist der kleine Ort (70 000 Ew.) 140 km südlich von Hurghada. In der malerischen Altstadt stehen ein *türkisches Fort* und eine *Moschee* aus dem 13. Jh. Noch wirkt der Ort verschlafen, außer vielleicht freitags, wenn die Beduinen der Gegend zum Markttag kommen. Quseir ist bekannt für seine rigorosen Richtlinien zum Schutz der Unterwasserwelt vor den Küsten.

ÜBERNACHTEN

Mövenpick Resort El Quseir
Ökologisch geführtes Strandresort mit Bungalows aus Naturstein und einer Tauchschule. *178 Zi., 5 km nördlich der Stadt, Tel. 065/ 333 21 00, Fax 333 21 28,* €€€

Pilger, Abenteurer, Sonnenhungrige

Die Touren sind in der Karte auf dem hinteren Umschlag und im Reiseatlas ab Seite 114 grün markiert

1 MIT DEM SCHIFF ZU DEN SCHÖNSTEN TEMPELN ÄGYPTENS

Ägypten ist ein Geschenk des Nils. Dieser viel zitierte Satz von Herodot könnte Ihnen wieder in den Sinn kommen, wenn Sie mit einem Kreuzfahrtschiff auf dem Nil zwischen Luxor und Assuan unterwegs sind. Nilkreuzfahrten sind eine praktische und schöne Angelegenheit zugleich: Sie haben Zeit, sich auf dem Sonnendeck zu entspannen, besuchen zwischendurch die interessantesten antiken Stätten in Oberägypten und können außerdem die vorbeiziehende Uferlandschaft genießen, als werde Ägypten als das Geschenk des Nils diesmal Ihnen persönlich dargebracht.

Die meisten Kreuzfahrten beginnen in *Luxor (S. 51)*. Sie dauern zwischen drei und sechs Tage, wobei das Schiff bei längeren Fahrten auch längere Zeit in Luxor und Assuan am Ufer liegt. Der erste Tag gehört den Gräbern und Tempelruinen in *West-Theben (S. 55)* sowie den Tempeln von *Karnak (S. 52)* und *Luxor (S. 53)*. Diese Tempeltouren sind Teil des Programms, Sie sollten aber auch die Gelegenheit zu eigenen Ausflügen nutzen! Eine Anzahl von Cruisingunternehmen betreibt Anlegestellen außerhalb der Stadt, zum Beispiel 8 km südlich vor der neuen Brücke über den Nil, aber auch hier warten fast rund um die Uhr Taxis vor den Schiffen, die Sie dorthin bringen, wohin Sie möchten. Eine Fahrt in den Ort Luxor, zum Beispiel zum Basar, kostet etwa 5 Euro.

Der erste Zwischenstopp der Kreuzfahrt ist *Esna (S. 57)*. 300 Schiffe sind auf dem Nil zwischen Luxor und Assuan unterwegs, eine Zahl, die per Beschluss nicht weiter erhöht werden darf. In Esna besuchen Sie die Ruinen des ptolemäischen *Chnum-Tempels*. Hier durchqueren Sie aber auch die einzige Nilschleuse zwischen Qena nördlich von Luxor und Assuan. Sie lässt nur zwei Schiffe pro Stunde durch. Die wartenden Nilkreuzer werden von einer Armee schwimmender Händler in Paddelbooten umlagert, die Päckchen mit Souvenirs und Stoffen auf das Oberdeck werfen – in der Hoffnung, Käufer zu finden.

Tempelanlage in Kom Ombo

Entspannung zwischen zwei Landgängen: Kreuzfahrt auf dem Nil

Am Abend legt das Schiff in *Edfu (S. 57)* an. Die Abende auf den Nilkreuzern gehören touristischen Spektakeln wie Galabiyyakostümfesten, Bauchtanzshows und Cocktailpartys. Smoking und Abendkleid können Sie getrost zu Hause lassen, es ist ohnehin nur wenig Platz für Gepäck in den Kabinen. In Edfu, 105 km südlich von Luxor, besichtigen Sie den besterhaltenen Tempel Ägyptens, ein dem Falkengott Horus geweihtes Heiligtum.

Die Landtouren beginnen alle sehr früh, manchmal schon bei Sonnenaufgang. Der Nachmittag auf dem Schiff gehört dann Ihnen ganz allein. Sie können auf dem Sonnendeck liegen und die idyllische Landschaft an sich vorüberziehen lassen: Dörfer, Palmenhaine und felsige Anhöhen, die sich hinter den Plantagen erheben und in den unterschiedlichsten Farben leuchten. Achten Sie auf die großflächigen Bilder selbst an einfachsten Lehmhütten! Mit diesen Hajj-Malereien werden Mekka-Pilger bei ihrer Heimkehr begrüßt und geehrt.

Die dritte Station ist *Kom Ombo (S. 57)*. Der Tempel zweier Gottheiten erhebt sich majestätisch am Ostufer des Nils, besonders in der Abendsonne ein faszinierender Anblick. Südlich von Kom Ombo wird der Nil immer enger. Ab dem kleinen Ort *Daraw*, der durch seinen wöchentlichen Kamelmarkt berühmt wurde, sind es noch 45 km bis Assuan. Ab Daraw wird auch die Ufervegetation spärlicher, immer öfter reicht die Wüste bis an den Fluss, und Felukken mit großen, leuchtenden Segeln begleiten das Kreuzfahrtschiff. In *Assuan (S. 44)* unternehmen Sie die letzten Landausflüge, meistens wird gegen Aufpreis auch eine Besichtigung der Tempel von *Abu Simbel (S. 48)* angeboten, 290 km südlich von Assuan.

Die Nilkreuzfahrtschiffe von heute sind die dritte Generation ihrer Art. Die meisten von ihnen warten mit fünf Sternen auf, unterschieden werden können sie nur anhand der Zusätze – der Reihenfolge nach: Five Star Deluxe, Five Star Superior, Five Star Plus oder Five Star Standard. Die luxuriösesten Schiffe betreibt die Oberoi-Hotelkette, sie besitzt auch die einzigen, deren Suiten mit zwei Badezimmern ausgestattet sind. In der Hauptsaison buchen Sie Kreuzfahrten billiger von Europa aus, im Frühjahr und im Herbst können Sie im Lande bei ägyptischen Veranstaltern einen guten Discount erhalten.

2 NACHTWANDERUNG AUF DEN MOSESBERG

Der nächtliche Aufstieg auf den Mosesberg gehört nicht nur für Pilger aller drei monotheistischen Weltreligionen – Juden, Christen und Muslime – zu den Höhepunkten einer Sinaireise. Nacht für Nacht versammeln sich Dutzende von Besuchern aus aller Welt auf seinem Gipfel, um in 2285 m Höhe den legendären Sonnenaufgang zu bestaunen. Der Aufstieg auf den Berg Sinai dauert etwa drei Stunden und erfordert keine physischen Höchstleistungen. Am Tage kann er ohne einen Führer unternommen werden, bei Nacht sollten Sie sich jedoch unbedingt einem beduinischen Führer anschließen.

Gegen 2 Uhr am Morgen wird die nächtliche Stille vor dem *Katharinenkloster (S. 73)* durch Stimmengewirr und eintreffende Autos beendet. Auf dem Parkplatz vor dem Kloster warten Beduinen auf Kundschaft, auf Touristen, die oft schon vor Mitternacht ihre Strandhotels oder Bambushütten in Sharm El-Sheikh, Dahab, Nuweiba und Taba verlassen haben, um rechtzeitig am Fuß des Mosesbergs einzutreffen.

Der Ausflug ist denkbar einfach zu organisieren. Sie brauchen festes Schuhwerk, bequeme, aber vor allem warme Kleidung, Wasser, etwas Proviant und ein Sammeltaxi, das Sie etwa drei Stunden vor Sonnenaufgang am Katharinenkloster absetzt. Die einfache Fahrt kostet von Sharm El-Sheikh ungefähr 18 Euro, von Dahab etwa 10 Euro, jeweils pro Person im voll besetzten Fahrzeug. Der Aufstieg erfolgt meistens über den längeren, aber gemächlicheren *Sikket Al-Basha*, den Weg des Paschas, und für die ersten zwei Drittel dieses Wegs können Sie sich sogar ein Kamel plus Führer nehmen *(ab etwa 7 Euro)*.

Sie laufen in stockfinsterer Nacht durch das *Wadi Al-Deir*. Eine Taschenlampe sollten Sie deshalb auf jeden Fall dabeihaben. Unterwegs passieren Sie etliche kleine Kioske, an denen Wasser und Kekse verkauft werden. Kurz vor dem Gipfel stoßen Sie auf den zweiten Weg, oberhalb des *Elias-Plateaus*, das auch »Amphitheater der 70 Weisen« genannt wird, weil an dieser Stelle Moses' Begleiter zurückbleiben mussten. Diesen zweiten Weg, den *Sikket Sayyidna Musa*, wählen Sie später für den Abstieg.

Von hier sind es noch 750 Stufen bis zur Spitze des Bergs, wo Moses die Zehn Gebote Gottes empfangen haben soll. Zu diesem besonderen Ort wurde der Berg erst in christlicher Zeit, deshalb pilgern auch vorwiegend Christen auf seinen Gipfel. Oben treffen Sie auf Besucher, die am Vorabend hochstiegen und die Nacht dort verbrachten. An manchen Tagen er-

Atemberaubender Blick vom Mosesberg über den versteinerten Ozean

warten mehrere Hundert Schaulustige den Sonnenaufgang. Erheblich weniger sind es an Freitagen und Sonntagen, da das Katharinenkloster dann geschlossen ist. Der Blick über den versteinerten Ozean, dessen Felsen in der Morgendämmerung nahezu minütlich ihre Farben verändern, ist in der Tat atemberaubend. Bei guter Sicht kann man bis zum Golf von Aqaba schauen. Auf dem Gipfel des *Gebel Musa*, wie der Berg auf Arabisch heißt, steht eine kleine Kirche, die Kapelle der Heiligen Dreifaltigkeit, an deren Stelle sich Gott dem Moses in einer Feuerwolke offenbart haben soll.

Beim Abstieg geht es zuerst wieder hinunter zum Elias-Plateau, auf dem sich mehrere kleine Kapellen befinden, unter ihnen die aus Kalkstein erbaute Eliaskirche. Die Zypresse auf dem Plateau ist über 1000 Jahre alt. Der Abstieg über den *Sikket Sayyidna Musa,* den Weg unseres Herrn Moses, beginnt rechts neben einem kleinen steinernen Damm. Die Treppe, die Sie hinuntergehen, hat 2700 Stufen und wurde im 6. Jh. von einem Mönch in den Fels gehauen. Nach etwa 100 m folgt das *Eliastor* und noch einmal 450 m weiter unten das *Tor des Glaubens.* Pilger mussten bis ins 19. Jh. hinein unter diesem Tor für ihre Sünden um Vergebung bitten, bevor sie auf den Berggipfel vorgelassen wurden.

Der Abstieg dauert insgesamt etwa 90 Minuten und führt durch eine faszinierende Landschaft mit wunderbaren Ausblicken auf das Katharinenkloster.

3 VON KAIRO NACH LUXOR DURCH DIE OASEN

Die Oasen in der Westlichen Wüste befinden sich zwar Hunderte von Kilometern vom fruchtbaren Niltal entfernt, inmitten der lebensfeindlichen Einsamkeit der

Sahara, aber der Weg durch die Oasen von Kairo aus ist eine klassische Ägyptenreise auf andere Art, die, wenn Sie alle Oasen besuchen, durchaus eine Woche dauern kann.

Kaum jemand weiß, dass diese Tour leicht, komfortabel und ohne Spezialausrüstung oder aufwändige Vorbereitungen zu bewältigen ist. Selten trifft man auf Reisende und kann sich unbehelligt den Menschen, die hier besonders freundlich und hilfsbereit sind, sowie der faszinierenden Wüstenlandschaft widmen.

Seit zwei Jahrzehnten erst verbinden Straßen die Oasen mit der modernen Welt, heute kann die Strecke, die sich in Halbmondform von Niltal zu Niltal durch die Wüste wölbt, problemlos mit modernen Linienbussen oder dem Mietwagen zurückgelegt werden.

Die Busse fahren in Kairo mehrmals täglich am Turgoman-Busbahnbof ab. Das Ticket für die fünfstündige Fahrt nach *Bahariyya* *(S. 66)* kostet etwa 4 Euro und sollte mindestens einen Tag im Voraus gelöst werden. Auf Grund seiner Nähe zu Kairo bietet sich Bahariyya als Ziel für all jene an, die Lust auf einen Oasentrip, aber nicht die Zeit für eine komplette Reise bis Luxor haben.

Von Kairo bis Luxor sollte man mindestens fünf Tage einplanen, in Etappen von Oase zu Oase, wobei man einzelne Oasen natürlich auch auslassen kann und einfach gleich weiter zur nächsten fährt. Die Abfahrtszeiten der Busse erfährt man vor Ort, oft bieten Sammeltaxis eine schnellere Fahrgelegenheit. Erkundigen Sie sich an der Hotelrezeption!

Von Bahariyya aus bietet sich ein mehrtägiger Ausflug zur beeindruckenden Tropfsteinhöhle Djara (Insider Tipp) an, nur mit ortskundigem Führer und geländegängigem Jeep natürlich. Für ab 200 Euro können Sie in Bahariyya auch einen Jeep einschließlich Fahrer für die über 400 km lange Strecke zur *Oase Siwa* *(S. 62)* mieten.

Von Bahariyya nach *Farafra* *(S. 68)* benötigt man zwei Stunden. Farafra ist die entlegenste äyptische Oase, dafür aber am dichtesten am legendären Großen Sandmeer dran, in dem 524 v. Chr. das Heer des Persers Kambyses spurlos verschwand. Die 50 000 Mann waren auf dem Weg nach Siwa, um das Orakel des Amun zu zerstören. Herodots Bericht darüber lockt immer noch Archäologen aus aller Welt in der Hoffnung hierher, Überreste zu finden.

Von Farafra bis zur *Oase Dakhla* *(S. 67)* sind es 320 km. Viele sehen in ihr die romantischste aller Oasen, vor allem wegen des eindrucksvollen Spiels mit Farben und Materialien, das die Natur hier vor allem morgens betreibt. Nach 170 km erreicht man die *Oase Kharga* *(S. 69)*, von der man auf verschiedene Weise nach Luxor gelangt. Der übliche Weg mit dem Bus nach Assiut und dann mit dem Zug nach Luxor dauert acht Stunden und ist ermüdend. Einmal pro Woche, freitags um 8 Uhr, fährt ein Bummelzug von Kharga direkt nach Luxor. Für ab 50 Euro kann man sich auch ein Taxi oder einen Pick-up-Truck mit Fahrer nach Luxor mieten. Er nimmt die Wüstenstraße (300 km), die für den privaten Autoverkehr und für Busse gesperrt ist, Reisezeit vier Stunden.

Tauchen, Surfen, Golf und Reiten

Faszinierende Korallenriffe, böige Buchten und ausgedehnte Strände – die besten Plätze für Ihren Lieblingssport

Die konstante Wassertemperatur, die selten unter 20 Grad sinkt und durchschnittlich bei 22 Grad liegt, hat im Roten Meer das Entstehen jener Korallenriffe begünstigt, die viele für die farbenprächtigsten und faszinierendsten der Welt halten. Überall an der ägyptischen Küste des Roten Meers, ob nun in Sharm El-Sheikh, Hurghada oder in Marsa Alam, gehörten Sporttaucher deshalb zu den Pionieren unter den Touristen. Lange bevor die großen Bettenburgen entstanden, schlugen sie hier ihre Zelte auf, besiedelten kleine Hüttendörfer und fuhren mit Booten hinaus an die damals noch unberührten Riffe.

Das Rote Meer ist immer noch eines der Topziele für Taucher aus aller Welt. Dafür sorgen allein schon einige Hundert Tauchcenter, die sich an den ägyptischen Ufern des Roten Meers niederließen, unter ihnen alle wichtigen internationalen Clubs und Schulen. Damit das Geschäft stimmt, werden auch Anfänger mit Schnorcheltouren und Schnupperkursen ins Wasser gelockt. Die Riffe litten erheblich unter dem Ansturm, besonders vor Hurghada. Dort schlossen sich eine Reihe von Tauchclubs der *Hurghada Environmental Protection and Conservation Association* (HEPCA) an, die deren Aktivitäten überwacht. Möchten Sie diese Arbeit unterstützen, dann wählen Sie einen dieser Tauchclubs.

Die Pyramiden von Giza bieten Golfern des Golfclubs Mena House Oberoi eine spektakuläre Kulisse

Darüber hinaus kann man in Ägypten außer schnorcheln und tauchen auch hochseefischen, segeln, windsurfen, reiten und Golf spielen. Das größte Angebot an Freizeitmöglichkeiten finden Sie an den Küsten des Roten Meers, während Sport im Niltal und in Kairo im Wesentlichen auf die Hotels beschränkt bleibt.

GOLF

Auf drei historischen Anlagen aus dem 19. Jh. und auf acht neuen, die erst in den letzten Jahren entstanden, kann man in Ägypten Golf spielen. Es ist schwer für Golfer, sich zwischen diesen Weltklasseplätzen zu entscheiden, denn fast jeder einzelne von ihnen kann mit einer Landschaftskulisse aufwarten, die ihresgleichen sucht. Fünf Plätze gibt es in und um *Kairo*. Auf dem schönsten spielt man mit Blick auf die Pyramiden von Giza. Er gehört zum *Mena House Oberoi Hotel*. Die Anlage auf den *Katameya Heights* im Osten der Stadt ist die nobelste. Der Golfplatz des Steigenberger-Hotels in *El-Gouna* ist von Lagunen umgeben *(www.elgouna.com)*, der in der *Soma Bay* südlich von Hurghada wurde von der Golflegende Gary Player entworfen. Neben diesen Plätzen gibt es weitere in *Kairo, Luxor, Sharm El-Sheikh* und *Alexandria*. Eine vollständige Liste mit Kontaktinformationen finden Sie unter *www.touregypt.net/golfcourses.htm*.

JETSKI, WASSERSKI & PARAGLIDING

Private Anbieter finden Sie auf dem Sinai in *Sharm El-Sheikh* und in *Ras Sudr* sowie an der Westküste in *Hurghada* und *El-Gouna*. Südlich von *Quseir* sind diese Aktivitäten zum Schutz der Unterwasserwelt weitestgehend untersagt.

REITEN

Wer will nicht einmal an den *Pyramiden von Giza* auf einem Pferd in die Wüste reiten? Richtige ägyptische Schlepper kennen natürlich die geheimsten Wünsche der Touristen, und deshalb passiert es in der letzten Zeit, dass Pyramidenbesucher von Taxifahrern gleich direkt zu kleinen Pferdeställen unweit der Sound&Light-Show gefahren werden – wo Reitführer Ihnen dann sagen, dass ausgerechnet heute das Pyramidengelände geschlossen sei, aber man könnte ja billig mit einem Pferd ... Glauben Sie ihnen kein Wort, vor allem nicht das mit dem billig! Für einen Ausritt wenden Sie sich besser an autorisierte Ställe, z. B. *AA (Tel. 02/385 05 31)* oder *Eurostable (Tel. 02/385 58 49)*, beide in Pyramidennähe. Am *Roten Meer* und auf dem *Sinai* organisieren Beduinen Reittouren. *El-Gouna* besitzt mit *Yalla Horsestable* eine eigene Reitschule, die Ausritte in die Wüste und am Strand entlang sowie Ponyreiten für Kinder im Programm hat *(Tel. 012/228 62-47 oder -48, yalla.eg@gmx.net)*.

TAUCHEN

Die Entscheidung für eine der vielen Tauschschulen kann Ihnen keiner abnehmen, eine Hilfe können aber verschiedene Zertifikate sein. Überprüfen Sie, ob das Center Mitglied einer international anerkannten Ausbildungseinrichtung ist (PADI, VDST, CMAS u. a.).

Während sich am *Golf von Aqaba* die Riffe unmittelbar in Ufernähe befinden, muss man auf der Hurghada-Seite des Roten Meers mit Booten zu ihnen hinausfahren. Die besten Tauchgründe bei *Sharm El-Sheikh* befinden sich um das *Ras Mohammed* herum. Die schönen Riffe in der *Shark's Bay* nördlich von Sharm El-Sheikh eignen sich für erfahrene Taucher wie auch zum Schnorcheln.

Von *Hurghada* aus führen Touren zu den nahe gelegenen Riffen *Fanadir* und *Shaab Al-Erg*. Vor der Küste *Safagas* sind die Riffe am *Tobia Island* populär. Südlich von *Quseir* bis in die Gegend um *Marsa Alam* befinden sich nach Meinung von Tauchspezialisten die schönsten Riffe – allerdings sind sie über-

Kick auf den Wellen: Windsurfer in der Soma Bay am Roten Meer

wiegend mehrere Stunden Bootsfahrt vom Ufer entfernt. Eine Spezialität bietet das Tauchcenter *Alexandra Dive* am Mittelmeer: Insider Tipp Tauchtrips zu archäologischen Fundstellen vor der Küste Alexandrias *(www.alexandra-dive.com)*.

Fünftägige Tauchkurse für Anfänger kosten im Allgemeinen etwa 300 Euro, ein Schnuppertauchen unter Anleitung ist für ungefähr 50 Euro zu haben, jeweils einschließlich der Ausrüstung. Trips mit dem Boot in die offene See mit zwei Tauchgängen werden für 50 Euro pro Person angeboten, hier müssen Sie noch 30 Euro Miete für die Ausrüstung hinzurechnen.

WINDSURFEN

Ungetrübter Beliebtheit unter Surfern erfreut sich *Hurghada*, obwohl die Uferbebauung die ablandigen Winde mehr und mehr abschwächt. Populär ist die Bucht vor dem *Magawish Hotel*. Surfbretter können Sie überall in Hurghada mieten, zum Beispiel im *Pro Center*. Dort werden auch Kurse in deutscher Sprache angeboten *(www.procenterfriedl.com)*. Mindestens ebenso geeignet zum Surfen ist die Gegend um *Ras Sudr* an der Westküste des Sinai, am Golf von Suez gelegen. Die Ausrüstung kann man u. a. im hervorragend ausgestatteten *Surfcenter* des *Concorde Royal Beach Hotels* mieten *(Tel. 069/340 01 01)*.

YACHTHÄFEN

Immer neue Yachthäfen entstehen an der Rotmeerküste Ägyptens. Schon heute bieten eine große Anzahl ägyptischer Yachten mehrtägige Angel- und Tauchtouren auf dem Roten Meer an. Eine lange, aber bisher unvollständige Liste finden Sie unter *www.touregypt.net/egyptboats.htm*.

Im Land der Kindernarren

Kreuzfahrerburgen, Minarette und die geheimnisvolle Welt der Pharaonen – Ägypten ist eine Märchenwelt wie aus Tausendundeiner Nacht

Solange Ägypter Kinder sind, dürfen sie alles. Sie spielen bis um Mitternacht Fußball in der Gasse, stellen die gesamte Wohnung auf den Kopf und dürfen überall laut sein. Kinder werden überallhin mitgenommen, selbst in die Spätvorstellung der Kinos. Ägypten als kinderfreundliches Land zu bezeichnen ist deshalb eine pure Untertreibung. Wo immer Sie mit ihnen hinkommen, Ihren Kleinen wird man alles nachsehen, egal, ob sie im Restaurant die Cola umstoßen oder die gesamte Zugfahrt über lärmen.

Darüber hinaus haben sich die Hotelbetreiber in den Badeorten sowieso, aber auch in vielen Hotels in den großen Städten und entlang des Niltals komplett auf Kinder eingestellt. Sie bieten Tagesbetreuung bzw. gegen Gebühr einen Babysitter an. Sie besitzen oft ausgedehnte Spielplätze, nicht selten sogar einen schönen Zoo oder einen Kinderbauernhof. Kinderswimmingpools sind in fast allen Strandresorts an den Küsten des Roten Meers Standard, und auch die meisten Meeresstrände der Hotels sind geeignet für Kinder. Viele renommierte Tauchschulen locken mit speziellen Kinderkursen oder kleinen Schnorchelausflügen zu ufernahen Korallenriffen.

»Welcome«, rufen schon die Kinder den Touristen auf der Straße nach

Die meisten – selbst jüngere – Kinder sind von der geheimnisvollen fremden Welt ohnehin beeindruckt. Moscheen, Tempel, bunte, lärmende Basare – alles wirkt auf sie wie aus den Märchen aus Tausendundeiner Nacht. Lediglich die Badeorte sind weniger orientalisch. An vielen Orten im Land werden Ihnen auf der Straße ägyptische Kinder begegnen, die betteln oder kleine Waren verkaufen. Bereiten Sie Ihre eigenen Kinder darauf vor! Und schützen Sie sie überall vor der starken Sonneneinstrahlung und der Hitze. Tipps aller Art für einen Ägyptenaufenthalt mit Kindern erhalten Sie unter *www.kairofamiliennetz.de.*

KAIRO UND UMGEBUNG

Dreampark **[114 C5]**
Größter Vergnügungspark im Nahen Osten mit 32 Fahrgeschäften, 22 Restaurants und täglichen Veranstaltungen im *Rosa Amphitheater. 6th of October City, 26 km außerhalb von Kairo, www.dream*

parkegypt.com, Sa–Do 10–19, Fr bis 21 Uhr, Eintritt 39 £E, Kinder unter 3 Jahren frei

Landwirtschaftsmuseum **[U A3]**
Im ältesten Landwirtschaftsmuseum der Welt auf dem westlichen Nilufer wird bäuerlicher Alltag von der Pharaonenzeit bis heute plastisch dargestellt, es finden sich viele Gebrauchsgegenstände aus jener Zeit. *An der Abfahrt der Hochbrücke 6th of October, Dokki, Di–So 9–13.30 Uhr, Eintritt 10 Piaster*

Insider Tipp **Minarette** **[U E–F 2–4]**
Besonders aufregend finden Kinder einen Aufstieg auf ein Minarett. In der islamischen Altstadt bieten sich dazu mehrere Gelegenheiten. Besonders schön ist der Turm der Moschee Al-Ghuri **[U E3]** im Herzen der Altstadt. In der Moschee Al-Hakim **[U E2]** führt man Sie gern auf die Stadttore und die Stadtmauer und auch hinunter durch mittelalterliche Gänge und in ehemalige Verliese. Vergessen Sie nicht, den Führern ein paar Pfund Bakschisch zu geben. Eine Taschenlampe kann nützlich sein.

Insider Tipp **Nil-Bus** **[U C3]**
Schiffsfahrt ohne langweiliges Dinner und Bauchtanz. Der Nil-Bus verbindet als normales Nahverkehrsmittel das Stadtzentrum mit Alt-Kairo (5 km). *Endanlegestelle Nähe Hilton Ramses Hotel, tgl. von etwa 8 Uhr bis Sonnenuntergang in kurzen Abständen, Fahrt 1 £E*

Pharaonic Village **[O]**
Über 100 kostümierte Statisten stellen das Leben im alten Ägypten dar. Man fährt auf einem Boot durch den »mythologischen Kanal« zwischen Papyrusplantagen hindurch und lässt Pharaonen, Handwerker, Bauern an sich vorbeiziehen. Kinder sind begeistert von diesem lebenden Museum. Dazu gibt es mehrere Ausstellungen, Tempel- und Bauernhäusernachbildungen und Cafés. *Auf einer Nilinsel in Giza, Eingang: 3, Sharia Al-Bahr Al-Aazam, Tel. 02/571 86 75, www.touregypt.net/village/, tgl. 9–18 Uhr, Eintritt 79 £E*

Railway Museum **[U D2]**
Historische ägyptische Eisenbahnen kann man im sehenswerten Railway Museum bestaunen. *Ramsis Station, Di–So 8.30–13.30 Uhr, Eintritt 1,50 £E*

Splash Park **[O]**
Delphinshow im Merryland-Vergnügungspark. Wer dressierte Delphine nur bemitleidenswert findet: Das Areal drumherum ist eine grüne Oase mit Kinderkarussells, Restaurants und über 100 Flamingos in einem Teich. *Sharia Al-Maahad Al-Ishtiraki, Midan Roxy, Heliopolis, Tel. 02/451 23-13 und -14, tgl. 12–1 Uhr, Showtermine telefonisch erfragen*

The Beach **[115 D5]**
Ende 2001 eröffnete das Badeparadies am östlichen Stadtrand mit Sandstrand, Wellenbad, Wasserrutschen, Animationsteam und Restaurants. *Marriott Hotel Mirage City, Ring Road, Tel. 02/41 25-200 und -300, tgl. 9–19 Uhr, Eintritt 58 £E*

OBERÄGYPTEN

Luxor-Tempel **[122 A6]**
Die Westseite des Nils bei Luxor mit der Gräberstadt von Theben ist

Kinder bestimmen das Familienleben der Ägypter

erfahrungsgemäß eher unbeliebt bei Kindern. Gut kommt dafür ein Besuch des Luxor-Tempels nach Einbruch der Dunkelheit an. Die gigantischen Säulen, Mauern und Kolossalstatuen sind dann gespenstisch beleuchtet. Von Bustouren zwischen Assuan und Abu Simbel kann man nur abraten. Kinder finden die vierstündige Fahrt pro Strecke sterbenslangweilig.

SINAI

Kamelritte und -touren **[119 F2]**
Am Strand des Golf von Aqaba können Sie mit Ihren Kindern auf Kamelen reiten. Das Habiba Village in Nuweiba besitzt sogar eine Kamelreitschule. Insider Tipp Hier hilft man Ihnen auch weiter, wenn Sie mit dem frei lebenden Delphin Olin im Meer schwimmen wollen. Ein besonderes Abenteuer ist der Ausflug mit den Beduinen in die Wüste, inklusive einer Übernachtung im Freien. Sie können diese Tour mit einem Abstecher zum Coloured Canyon verbinden. Die Landschaft ist jener in Arizona nicht unähnlich, Kinder fühlen sich wie in einen Abenteuerfilm versetzt. Lange Kameltouren sind eine Strapaze, nehmen Sie am besten einen Jeep *(Preis pro Tag und Person ab 50 £E)*. Die Beduinen backen Brot am Feuer und kochen für Sie. Schlafsack, warme Kleidung und Taschenlampe nicht vergessen! Buchen können Sie solche Trips am besten in Nuweiba und Tarabin, aber auch in Sharm El-Sheikh und Dahab. 10 km südlich von Taba befindet sich 250 m vor dem Ufer die Pharaoneninsel (Geziret Al-Fara'un), auf der eine malerische Kreuzfahrerburg aus dem 12. Jh. steht. Salah Al-Din (Saladin) eroberte sie 1170 von den Kreuzrittern und baute sie um und aus *(tgl. 10–17 Uhr, Eintritt 10 £E)*. Die Bootsfahrt dorthin vom Hotel Salah Al-Din aus kostet *10 £E.*

Angesagt!

Was Sie wissen sollten über Trends, die Szene und Kuriositäten in Ägypten

Fußball

Jeder Ägypter kennt mindestens drei, vier deutsche Fußballspieler und ist oft sogar über die Bundesliga-Ergebnisse vom letzten Wochenende informiert. Wenn in Ägypten die beiden lokalen Starclubs *Al-Ahly* und *Zamalek* aufeinander stoßen, dann sind die Straßen leer gefegt wie sonst nur im Ramadan zum Fastenbrechen. Die Verkehrspolizisten stehen mit kleinen Transistorradios auf dem Bürgersteig, und die Händler auf den Basaren sitzen vor Minifernsehern. Fragen Sie im Vorbeigehen mit wichtiger Miene »Kamm kamm?«. Man wird Ihnen, ohne verwundert zu sein, den aktuellen Spielstand sagen!

Ägypten sucht den Superstar

Ganze Großfamilien versammeln sich zu Castingshows wie Starmaker *(www.starmakeregypt.com)* vor dem Fernseher. In den Musikläden kann man die Sampler kaufen, so derzeit die arabische Star-Academy-CD, u. a. mit dem Titel »Jayee el-Haqiqa« (Die Wahrheit wird kommen), einer Coverversion des Hair-Klassikers »Let the Sun shine in«.

Handys

Mobiltelefone sind das wichtigste Statussymbol im Land. Jeder, der eines besitzt, und das sind 2 Mio. Menschen, trägt es ununterbrochen in der Hand und legt es in Cafés und Restaurants gut sichtbar vor sich auf den Tisch. Selbst im Kino klingeln die Dinger ständig. Nur im Kairoer Opernhaus muss das Handy abgegeben werden.

Natacha Atlas

Die britische Technodiva, die Mitte der 90er-Jahre mit ihrer Band *Transglobal Underground* bekannt wurde und auch regelmäßig in Deutschland, Österreich und der Schweiz tourt, hat vor einiger Zeit ihre ägyptischen Wurzeln entdeckt. Ihr Großvater stammt aus Alexandria, und während ihrer Kindheit in Brüssel verliebte sie sich in die alten ägyptischen Musikfilme. Seit Jahren schon mixt sie Techno-Bässe mit Shaabi-Pop, einer Art ägyptischer Prolo-Popmusik. Ihre vorletzte CD »Gedida« erschien auch in Ägypten. Die jüngste hat sie gleich ganz in einem Kairoer Tonstudio produziert.

Von Anreise bis Zoll

Hier finden Sie kurz gefasst die wichtigsten Adressen und Informationen für Ihre Ägyptenreise

ANREISE

Direktflüge mit Egypt Air kosten ab 350, mit Lufthansa ab 400 Euro. Chartergesellschaften, wie z. B. Air Berlin, bieten günstige Nurflüge nach Hurghada, Sharm El-Sheikh und Luxor an. Tickets von Egypt Air müssen mindestens drei Tage vor dem Rückflug vor Ort rückbestätigt werden.

Einen sicheren Landweg nach Ägypten gibt es nicht, ebenso keine reguläre Fährverbindung übers Mittelmeer. Die Einfuhr des eigenen PKW nach Ägypten ist bürokratisch und nervenaufreibend.

AUSKUNFT

Fremdenverkehrsämter

Kaiserstraße 64 a, 60329 Frankfurt/Main, Tel. 069/25 21 53, Fax 23 98 76, www.touregypt.net

Opernring 3/3, 1010 Wien, Tel. 01/587 66 33, Fax 587 66 34

Marktgasse 59, 3011 Bern, Tel. 031/311 22 10, Fax 311 22 85

DIPLOMATISCHE VERTRETUNGEN

Deutsche Botschaft

8 b, Sharia Hassan Sabri/Sharia Berlin, Zamalek, Kairo, Tel. 02/739 96 00, Fax 736 05 30, www.kairo.diplo.de

Österreichische Botschaft

5 Sharia Wissa Wassef/Sharia El-Nil, El-Riad Tower, Giza, Kairo, Tel. 02/570 29 75, Fax 570 29 79, www.austriaegypt.org

Botschaft der Schweiz

10, Sharia Abd Al-Khaliq Tharwat, Downtown, Kairo, Tel. 02/575 81 33, Fax 574 52 36

Ägyptische Konsulate

Stauffenbergstraße 6–7, 10785 Berlin, Tel. 030/47 90 18 80, Fax 477 40 00

Hohe Warte 54, 1190 Wien, Tel. 01/370 81 08

Elfenauweg 61, 3006 Bern, Tel. 031/352 80 12

EINREISE

Ihr Reisepass muss am Einreisetag noch mindestens sechs Monate gültig sein. Das Visum erhalten Sie bei den ägyptischen Konsulaten im Heimatland oder, falls Sie Deutscher, Schweizer oder Österreicher sind, billiger direkt am Flughafen in Ägypten bzw. am Grenzübergang. Im Flugzeug werden weiße Karten verteilt, die Sie ausfüllen und später bei der Passkontrolle vorlegen müssen. Wenn Sie noch kein Visum besitzen: Die Visamarken gibt es an den Geldwechselschaltern vor der Passkontrolle. Das vor Ort ausgestellte Touristenvisum ist vier Wochen und nur für eine Einreise gültig. Wer von einem Israel- oder Jordanien-Ausflug wieder nach Ägypten zurückreisen will, braucht ein Re-entry-Visa.

FOTOGRAFIEREN

Außer militärischen Anlagen sowie Häfen, Brücken, Bahnhöfe und Flugplätzen dürfen Sie alles fotografieren. In Museen und Pharaonengräbern ist meistens die Benutzung von Blitzlicht und Stativ untersagt. Filme sind in Ägypten teuer und manchmal schlecht gelagert.

FRAUEN

Auch für allein reisende Frauen ist Ägypten ein sicheres Land. Touristinnen werden oft von ägyptischen Männern angesprochen und umworben, besonders in den Urlaubsorten. Das kann lästig sein, gefährlich ist es in der Regel nicht. Vermeiden Sie alles, was Ihrem Gegenüber Hoffnung auf eine Affäre machen könnte! Tragen Sie einen Ehering, notfalls einen geborgten! Erzählen Sie einfach von Ihrem Ehemann und von Ihren Kindern! Gehen Sie engem Körperkontakt, zum Beispiel in überfüllten Bussen, aus dem Weg. Vermeiden Sie Kleidung, die zu sehr den Körper betont, sowie kurze Röcke und schulterfreie Shirts! Kurzärmelig ist okay. In aufdringlicheren Situationen werden Sie einfach so laut, dass alle Umstehenden Sie hören können. Man wird Ihnen schnell helfen.

GESUNDHEIT

Spezielle Schutzimpfungen sind nicht vorgeschrieben. Es ist ratsam, gegen Tetanus und Kinderlähmung geimpft zu sein. Malariaprophylaxe ist von Juli bis November für das Delta und die Oasen empfehlenswert. In ländlichen Gebieten besteht das Risiko, sich mit Hepatitis A anzustecken. In stehenden Gewässern und im Nil nicht baden: Bilharziose-Gefahr! Essen Sie nur geschältes oder gründlich gewaschenes Obst und Gemüse! Das Leitungswasser ist gechlort, in Kairo kann es getrunken werden. Die medizinische Versorgung ist gut. Fast alle Medikamente sind erhältlich. Behandlungskosten müssen vorher bezahlt werden. Schließen Sie eine Reisekrankenversicherung ab! Wenn Sie mit kleinen Kindern unterwegs sind: Überall im Land lauern Unfallgefahren wie schlecht abgesicherte Baustellen oder metertiefe Löcher auf den Ruinenfeldern der antiken Stätten!

INTERNET

Eine Stunde Surfen in einem der zahlreichen Internetcafés kostet ab 2 £E. Sollten Sie mit dem eigenen Laptop reisen: Seit 2002 kostet der Internetzugang in den Ballungsgebieten nur die Gebühren eines Ortsgesprächs, etwa 1 £E. Zugangsnummer wählen, zum Beispiel 07 77 77 77, und ohne Passwort und Benutzernamen einloggen!

Interessante Websites: *www.guardians.net* – Informationen über das pharaonische Ägypten mit Link zur Website der ägyptischen Antikenverwaltung; *www.kaironetz.de* – eine Fundgrube für Infos über Ägypten auf Deutsch; *www.cairolive.com* – Nachrichten aus dem Land am Nil, amüsant und laufend aktualisiert; *www.yallabina.com* – Veranstaltungsguide inklusive Szenetipps

Was kostet wie viel?

Bier	**ab 1,50 Euro** für eine Flasche Bier
Tee	**ab 50 Cent** für ein Glas im Kaffeehaus
Wasser	**ab 20 Cent** für 1,5 l Mineralwasser
Imbiss	**ab 5 Cent** für ein Falafel-Sandwich
U-Bahn	**ab 10 Cent** für eine Fahrt in Kairo
Souvenir	**ab 7 Euro** für eine komplette Wasserpfeife

KLEIDUNG

Leichte, luftige Kleidung eignet sich am besten. Für den Winter sollten Sie jedoch unbedingt einen Pullover und eine warme Jacke dabeihaben. Festes Schuhwerk ist empfehlenswert. Shorts wirken auch bei Männern lächerlich. Generell gilt: Je weiter Sie sich von den Urlaubszentren entfernen, desto besser ist es, auf das Tragen knapper Badebekleidung zu verzichten. In den heißen Quellen der Oasen sollten Frauen mit Rücksicht auf die Traditionen der Oasenbewohner nicht im Bikini baden.

LITERATUR

Rainer Stadelmann, »Die ägyptischen Pyramiden«: das Standardwerk vom definitiven Pyramidenexperten; Emma Brunner-Traut, Renate Jacobi, »Kleine Ägyptenkunde«: Einführung in die pharaonische Götterwelt. Nagib Machfus, »Die Kairo-Trilogie«: Das schönste Buch vom Literaturnobelpreisträger.

MIETWAGEN

Internationale Autovermietungen wie Hertz, Avis und Budget besitzen Niederlassungen in den großen Städten und in den Badeorten, meistens in besseren Hotels und an den Flughäfen. Daneben gibt es eine Reihe nationaler Anbieter. Ein Kleinwagen kostet pro Tag ca. 50 Euro, pro Woche etwa 350 Euro.

Angebote für Autovermietungen finden Sie unter *www.marcopolo.de*

MINEN

In den Wüsten sowie an den Küsten des Roten Meeres liegen immer noch Minen aus den verschiedenen Kriegen. Verlassen Sie die Wege deshalb nie oder nur unter ortskundiger Begleitung, nehmen Sie Warnschilder und Absperrungen wie Zäune ernst, und baden Sie im Meer nur an Stränden, an denen das Baden üblich ist.

NOTRUF

Polizei: *Tel. 122*
Feuerwehr: *Tel. 125*
Notarzt: *Tel. 123*

ÖFFENTLICHE VERKEHRSMITTEL

Alle Regionen sind gut zu erreichen. Die beste Zugverbindung besteht zwischen Kairo und Alexandria. Auf der Fahrt von Kairo nach Luxor sowie Assuan bieten sich die 1.-Klasse-Wagen sowie Schlafwagenzüge an, Tickets ab etwa 50 £E. Tickets generell einen Tag im Voraus kaufen, Ermäßigung mit internationalem Studentenausweis. Die meisten Busse ab Kairo starten am Turgoman-Busbahnhof, Reisebusse nach Sinai fahren vom Sinai-Terminal in Abassiyya. Busfahrten sind billig, Inlandsflüge mit Egypt Air aber teuer, es sei denn, man ist mit Egypt Air schon nach Ägypten gekommen. Eine Alternative zu Bus und Bahn sind Sammeltaxis.

ÖFFNUNGSZEITEN

Einkaufen können Sie ab morgens gegen 10 Uhr bis etwa 20 Uhr am Abend, freitags ab etwa 14 Uhr. In den Einkaufsstraßen der Städte und an den Promenaden der Badeorte wird nicht selten bis 23 Uhr verkauft. Banken schließen freitags und samstags, Behörden nur freitags. Im Fastenmonat Ramadan gelten Sonderöffnungszeiten.

POST

Die Postämter sind täglich außer freitags von 8 bis 15 Uhr geöffnet. Briefe kommen nach fünf bis sieben Tagen an. Stecken Sie Ihre Post nur in die Briefkästen an den Postämtern (blau für Luftpost), oder geben Sie sie an der Hotelrezeption ab!

PREISE & WÄHRUNG

Das ägyptische Pfund (£E oder EGP) unterteilt sich in 100 Piaster (PT). Die Preise im vorliegenden Band sind dann in Euro oder Dollar angegeben, wenn ihr Gegenwert in Pfund wegen des Währungsverfalls starken Schwankungen unterliegt. Bezahlt werden kann aber nahezu alles im Land in ägyptischen Pfund. Nur einige bessere Hotels bevorzugen Euro oder Dollar. Fragen Sie bitte rechtzeitig vorher! Banken und Wechselstuben tauschen die gängigen Devisen (Euro, Dollar) sowie Travellerschecks ein.

An Geldautomaten erhält man problemlos Bargeld mit der Kreditkarte (Visa, Eurocard) bzw. mit der ec-Karte. Auch an Bankschaltern bekommen Sie mit allen gängigen Kreditkarten Bargeld. Diese Karten werden außerdem in vielen Restaurants, Hotels und beim Einkauf in den Geschäften sowie in Kairo auch in den Supermärkten akzeptiert. Bei Verlust der Kreditkarte rufen Sie zum Sperren der Karte die 24-h-Hotline des Ausstellers in Europa an! In die Oasen müssen Sie Bargeld mitnehmen, hier haben Sie keine Möglichkeit, Geld abzuheben. Heben Sie alle Umtauschbelege auf. Geldrücktausch ist möglich, es dürfen nur bis zu 5000 £E ein- bzw. ausgeführt werden.

€	£E
1	7,68
2	15,35
3	23,03
4	30,70
5	38,38
7	53,73
8	61,41
9	69,08
10	76,76

£E	€
10	1,30
20	2,61
25	3,26
30	3,91
40	5,21
50	6,51
70	9,12
80	10,42
90	11,73

REISEZEIT

Die beste Reisezeit liegt zwischen November und April. In den übrigen Monaten herrscht besonders in Oberägypten eine drückende Mittagshitze mit nicht selten über 40 Grad.

SICHERHEIT

Ob in den Großstädten oder auf den Dörfern, Sie können sich rund um die Uhr sicher bewegen. Übergriffe auf Ausländer kommen so gut wie nicht vor, abgesehen von Taschendiebstählen im Gewühl der Touristenbasare. Nach den Attentaten von 1997 in Luxor und Kairo wurden die Sicherheitsmaßnahmen erheblich verschärft. Fast alle Ägypter verurteilen Gewalt gegen Touristen entschieden. Aktuelle Informationen im Internet unter *www.auswaertiges-amt.de*

STROM

Die Netzspannung beträgt 220 Volt. Adapter sind nicht nötig.

TAXI

Fast alle Taxis besitzen Taxameter, die den Fahrpreis anzeigen, aber sie funktionieren entweder nicht oder werden nicht eingeschaltet. Der Fahrpreis ist generell Verhandlungssache. Eine Fahrt im Stadtinnern von Kairo kostet zwischen 3 und 8 £E, bis zu den Pyramiden etwa 20 £E. Taxis, die vor den großen Hotels warten, verlangen häufig ein Vielfaches des üblichen Preises.

TELEFON & HANDY

Gespräche nach Europa sind teuer, ab 0,40 Euro pro Minute. Wenn Sie von Hoteltelefonen oder von Ihrem mitgebrachten Handy aus anrufen, dann vervielfacht sich dieser Preis. Die Vorwahl für Ägypten ist 0020, für Deutschland 0049, für Österreich 0043, für die Schweiz 0041. Die Mobiltelefone europäischer Netze funktionieren meistens in Ägypten. Sie können sich in eines der beiden Landesnetze einloggen.

TRINKGELD

In Restaurants und Cafés sind etwa fünf bis zehn Prozent der Rechnungssumme üblich. Gepäckträger bekommen etwa 3 £E, Zimmermädchen 10 £E pro Woche.

ZEIT

Die Differenz zur Mitteleuropäischen Zeit (MEZ) beträgt plus eine Stunde. Auch in Ägypten gibt es eine Sommerzeit, sie beginnt jedoch etwa vier Wochen später und endet vier Wochen früher als in Deutschland.

ZOLL

Dinge des persönlichen Bedarfs sind bei der Einreise zollfrei, inklusive der Kamera und z. B. bis zu 200 Zigaretten und 1 l Alkohol. Videorecorder, Laptops und andere elektronische Geräte müssen angemeldet werden. Es ist strikt untersagt, Antiquitäten sowie Tiere und Pflanzen, die unter Natur- und Artenschutz stehen, auszuführen. Bei Wiedereinreise in die EU sind zollfrei z. B. 200 Zigaretten, 2 l Wein, 1 l Spirituosen und sonstige Waren im Wert von bis zu 175 Euro. Weitere Auskünfte unter *zoll-d.de*

Wetter in Alexandria

	Jan.	Feb.	März	April	Mai	Juni	Juli	Aug.	Sept.	Okt.	Nov.	Dez.
Tagestemperaturen in °C	18	19	21	24	26	28	30	30	30	28	25	21
Nachttemperaturen in °C	11	11	13	15	18	21	23	24	23	20	17	13
Sonnenschein Std./Tag	7	8	9	10	11	12	12	12	11	10	8	7
Niederschlag Tage/Monat	6	5	4	1	4	0	0	0	0	2	4	7
Wassertemperaturen in °C	17	16	16	17	20	23	25	26	25	24	22	19

Do you speak English?

»Sprichst du Englisch?«
Dieser Sprachführer hilft Ihnen, die wichtigsten Wörter und Sätze auf Englisch zu sagen

Zur Erleichterung der Aussprache sind alle englischen Wörter mit einer einfachen Aussprache (in eckigen Klammern) versehen.
Folgende Zeichen sind Sonderzeichen:

ə nur angedeutetes »e« wie in bitte
θ [s] gesprochen mit der Zungenspitze zwischen den Zähnen
’ die nachfolgende Silbe wird betont. Bei einer Hauptbetonung steht das Zeichen oben vor der Silbe, bei einer Nebenbetonung unten.

AUF EINEN BLICK

Ja./Nein.	Yes. [jäs]/No. [nəu]
Vielleicht.	Perhaps. [pə'häps]/Maybe. ['mäibih]
Bitte./Danke.	Please. [plihs]/Thank you. ['θänkju]
Vielen Dank!	Thank you very much. ['θänkju 'wäri 'matsch]
Gern geschehen.	You're welcome. [joh 'wälkəm]
Entschuldigung!	I'm sorry! [aim 'sori]
Wie bitte?	Pardon? ['pahdn]
Ich verstehe Sie/dich nicht.	I don't understand. [ai dəunt andə'ständ]
Können Sie mir bitte helfen?	Can you help me, please? ['kən ju 'hälp mi plihs]
Ich möchte …	I'd like … [aid'laik]
Das gefällt mir (nicht).	I (don't) like it. [ai (dəunt) laik‿it]
Haben Sie …?	Have you got …? ['həw ju got]
Wie viel kostet es?	How much is it? ['hau'matsch is it]
Wie viel Uhr ist es?	What time is it? [wot 'taim is it]

KENNENLERNEN

Guten Morgen!	Good morning! [gud 'mohning]
Guten Tag!	Good afternoon! [gud ahftə'nuhn]
Guten Abend!	Good evening! [gud 'ihwning]
Mein Name ist …	My name is … [mai näims …]
Wie ist Ihr/dein Name?	What's your name? [wots joh 'näim]
Wie geht es Ihnen/dir?	How are you? [hau 'ah ju]

Danke. Und Ihnen/dir?	Fine thanks. And you? ['fain θänks, ənd 'ju]
Es freut mich, Sie kennen zu lernen.	Pleased to meet you. ['plihsd tə 'miht ju]
Auf Wiedersehen!	Goodbye!/Bye-bye! [gud'bai/bai'bai]

UNTERWEGS

Auskunft

links/rechts	left [läft]/right [rait]
geradeaus	straight on [sträit 'on]
Bitte, wo ist ...?	Excuse me, where's ..., please? [iks'kjuhs 'mih 'weəs ... plihs]
Hafen/Flughafen	harbour ['ha:ba(r)]/airport ['eəpoht]
Wie weit ist das?	How far is it? ['hau 'fahr‿is‿it]
Ich möchte ein Auto mieten.	I'd like to hire a car. [aid'laik tə 'haiə ə 'kah]
Wo ist die nächste Tankstelle?	Where's the nearest petrol station? ['weəs θə 'niərist 'pätrəlstäischn]

Panne

Ich habe eine Panne.	My car's broken down. [mai 'kahs 'brəukn 'daun]

Arabisch

Für alle Fälle: das Wichtigste in der Landessprache

Kursives (männliche Form) ist bei Bedarf entsprechend durch [...] (weibliche Form) zu ersetzen

Ja./Nein.	na'am/la oder: kalla	نعم/لا، كلا
Bitte./Danke.	min fadlak/schukran	من فضلك/شكرا
Entschuldigung!	'afwan	عفوا
Guten Tag!/Guten Abend!	sabba l-chair/masa l-chair	صباح الخير/مساء الخير
Auf Wiedersehen!	ma'a s-salama	مع السلامه
Ich heiße ...	ismi ...	اسمي
Ich komme aus ...	ana min ...	انا من
... Deutschland.	... almania	المانيا
... Österreich./Schweiz.	... al nimsa/swizera	النمسا/سويسرا
Ich verstehe Sie nicht.	ana la afhamuka [ki]	انا لا افهمك
Wie viel kostet es?	kam jukallif dhalika	كم يكلّف ذلك
Bitte, wo ist...?	'afwan aina ...	عفوا اين

1	wahid	(واحد)	١
2	itnan	(اثنان)	٢
3	talata	(ثلاثة)	٣
4	arba'a	(اربعة)	٤
5	chamsa	(خمسة)	٥
6	sitta	(ستّة)	٦
7	sab'a	(سبعة)	٧
8	tamanija	(ثمانية)	٨
9	tis'a	(تسعة)	٩
10	'aschra	(عشرة)	١٠
20	'ischrun	(عشرون)	٢٠
100	mia	(مئة)	١٠٠

Der Wagen springt nicht an.	The car won't start. [θə 'kah wəunt 'staht]
Können Sie mal nachsehen?	Could you have a look? ['kud‿ju 'häw‿ə 'luk]
Die Batterie ist leer.	The battery is flat. [θə 'bätəri is flät]
Gibt es hier in der Nähe eine Werkstatt?	Is there a garage nearby? ['is θeə‿ə 'gärahdsch 'niərbai]

Unfall

Hilfe!	Help! [hälp]
Rufen Sie bitte einen Krankenwagen.	Please call an ambulance. ['plihs 'kohl ən 'ämbjuləns]
Haben Sie Verbandszeug?	Have you got a first-aid kit? [həw ju got ə‿'föhst'äid kit]
Geben Sie mir bitte Ihren Namen und Ihre Anschrift.	Please give me your name and address! [plihs giw mi joh 'näim ənd ə'dräs]

ESSEN/UNTERHALTUNG

Wo gibt es hier …	Is there … here? ['is θeər … 'hiə]
… ein gutes Restaurant?	… a good restaurant … [ə 'gud 'rästərohng]
… ein typisches Restaurant?	… a restaurant with local specialities… [ə 'rästərohng wiθ 'ləukl späschi'älitis]
Reservieren Sie uns bitte für heute Abend einen Tisch für drei Personen.	Would you reserve us a table for three for this evening, please? ['wud ju ri'söhw əs ə 'täibl fə 'θrih fə θis 'ihwning plihs]
Was können Sie mir empfehlen?	What can you recommend? ['wot kən‿ju räkə'händ]
Auf Ihr Wohl!	Cheers! [tschiəs]
Bezahlen, bitte.	Could I have the bill, please? ['kud ai häw θə 'bil plihs]

EINKAUFEN

Wo finde ich …?	Where can I find …? ['weə 'kən‿ai 'faind …]
Apotheke	chemist's [kämists]
Fotoartikel	photographic materials [,fəutə'gräfik mə'tiəriəls]
Lebensmittelgeschäft	food store ['fuhd stoh]
Markt	market ['mahkit]

ÜBERNACHTUNG

Können Sie mir bitte ein Hotel empfehlen?	Can you recommend a hotel, please? [kən ju ,räkə'händ ə həu'täl plihs]
Ich habe bei Ihnen ein Zimmer reserviert.	I've reserved a room. [aiw ri'söhwd‿ə 'ruhm]

Haben Sie noch …	Have you got … [həw ju got]
… ein Doppelzimmer?	… a double room? [ə 'dabl ruhm]
… mit Dusche/Bad?	… with a shower/bath? [wiθ ə 'schauə/'bahθ]
… für eine Nacht?	… for one night? [fə wan 'nait]
Kann ich das Zimmer ansehen?	Can I see the room? [kən ai 'sih θə 'ruhm]
Was kostet das Zimmer mit Frühstück?	How much is the room with breakfast? ['hau 'matsch is θə ruhm wiθ 'bräkfəst]

PRAKTISCHE INFORMATIONEN

Können Sie mir einen guten Arzt empfehlen?	Can you recommend a good doctor? [kən ju ,räkə'mänd ə gud 'doktə]
Ich habe hier Schmerzen.	I've got pain here. [aiw got päin 'hiT]
Wo ist hier bitte …	Where's the nearest … [weəs θə 'niərist]
… eine Bank?	… bank? [bänk]
… eine Wechselstube?	… exchange-office? [iks'tschäinsch‿ofis]
Ich möchte … Euro (Schweizer Franken) wechseln.	I'd like to change … Euro (Swiss francs). [aid laik tə tschäinsch juro ('swis 'fränks)]
Was kostet ein Brief …/ eine Postkarte …	How much does a letter …/postcard … ['hau 'matsch das‿ə 'lätə/'pəustkahd]
… nach Deutschland?	… to Germany cost? … [tə 'dschöhməni kost]
Briefmarke	stamp [stämp]

ZAHLEN

0	zero, nought [siərəu, noht]	18	eighteen [,äi'tihn]
1	one [wan]	19	nineteen [,nain'tihn]
2	two [tuh]	20	twenty ['twänti]
3	three [θrih]	21	twenty-one [,twänti'wan]
4	four [foh]	30	thirty ['θöhti]
5	five [faiw]	40	forty ['fohti]
6	six [siks]	50	fifty ['fifti]
7	seven ['säwn]	60	sixty ['siksti]
8	eight [äit]	70	seventy ['säwnti]
9	nine [nain]	80	eighty ['äiti]
10	ten [tän]	90	ninety ['nainti]
11	eleven [i'läwn]	100	a (one) hundred ['ə (wan) 'handrəd]
12	twelve [twälw]	1000	a (one) thousand ['ə (wan) 'θausənd]
13	thirteen [θöh'tihn]	1/2	a half [ə 'hahf]
14	fourteen [,foh'tihn]	1/4	a (one) quarter ['ə (wan) 'kwohtə]
15	fifteen [,fif'tihn]		
16	sixteen [,siks'tihn]		
17	seventeen [,säwn'tihn]		

Reiseatlas Ägypten

Die Seiteneinteilung für den Reiseatlas finden Sie auf dem hinteren Umschlag dieses Reiseführers

Kartenlegende Reiseatlas

Autobahn mit Anschlussstelle
Motorway with junction

Autobahn in Bau
Motorway under construction

Autobahn in Planung
Motorway projected

Autobahnähnliche Schnellstraße mit Anschlussstelle
Dual carriage-way with motorway characteristics with junction

Straße mit zwei getrennten Fahrbahnen
Dual carriage-way

Durchgangsstraße
Thoroughfare

Wichtige Hauptstraße
Important main road

Hauptstraße
Main road

Sonstige Straße
Other road

Piste
Track

Straßen in Bau
Roads under construction

Eisenbahn
Railway

Autofähre
Car ferry

Schifffahrtslinie
Shipping route

Landschaftlich besonders schöne Strecke
Route with beautiful scenery

Straße gegen Gebühr befahrbar
Toll road

1357
Pass mit Höhenangabe
Pass with height

Bedeutende Steigungen
Important gradients

Erdölleitung, Erdgasleitung
Oil pipeline, natural gas pipeline

Sumpf
Swamp

Periodischer Fluss
Seasonal river

Staatsgrenze
National boundary

Grenzkontrollstelle
Check-point

Kultur
Culture

★★ CAIRO
★★ *Karnak*
Eine Reise wert
Worth a journey

★ ASYÛT
★ *Iseum*
Lohnt einen Umweg
Worth a detour

Landschaft
Landscape

★★ El-Fayûm
★★ *Fingal's cave*
Eine Reise wert
Worth a journey

★ Korab
★ *Jaskinia raj*
Lohnt einen Umweg
Worth a detour

Ausflüge & Touren
Excursions & tours

Besonders schöner Ausblick
Important panoramic view

Nationalpark, Naturpark
National park, nature park

4807
Bergspitze mit Höhenangabe in Metern
Mountain summit with height in metres

(630)
Ortshöhe
Elevation

Kirche, Kloster
Church, monastery

Kirchenruine
Church ruin

Moschee
Mosque

Leuchtturm
Lighthouse

Pyramide
Pyramid

Erdölquelle
Oil well

Brunnen, Quelle
Well, spring

Wasserfall
Waterfall

Höhle
Cave

Ruinenstätte · Gräber
Ruins · Tombs

Campingplatz
Camp site

Badestrand · Surfen
Bathing beach · Surfing

Tauchen · Fischen
Diving · Fishing

Verkehrsflughafen
Airport

Regionalflughafen · Flugplatz
Regional airport · Airfield

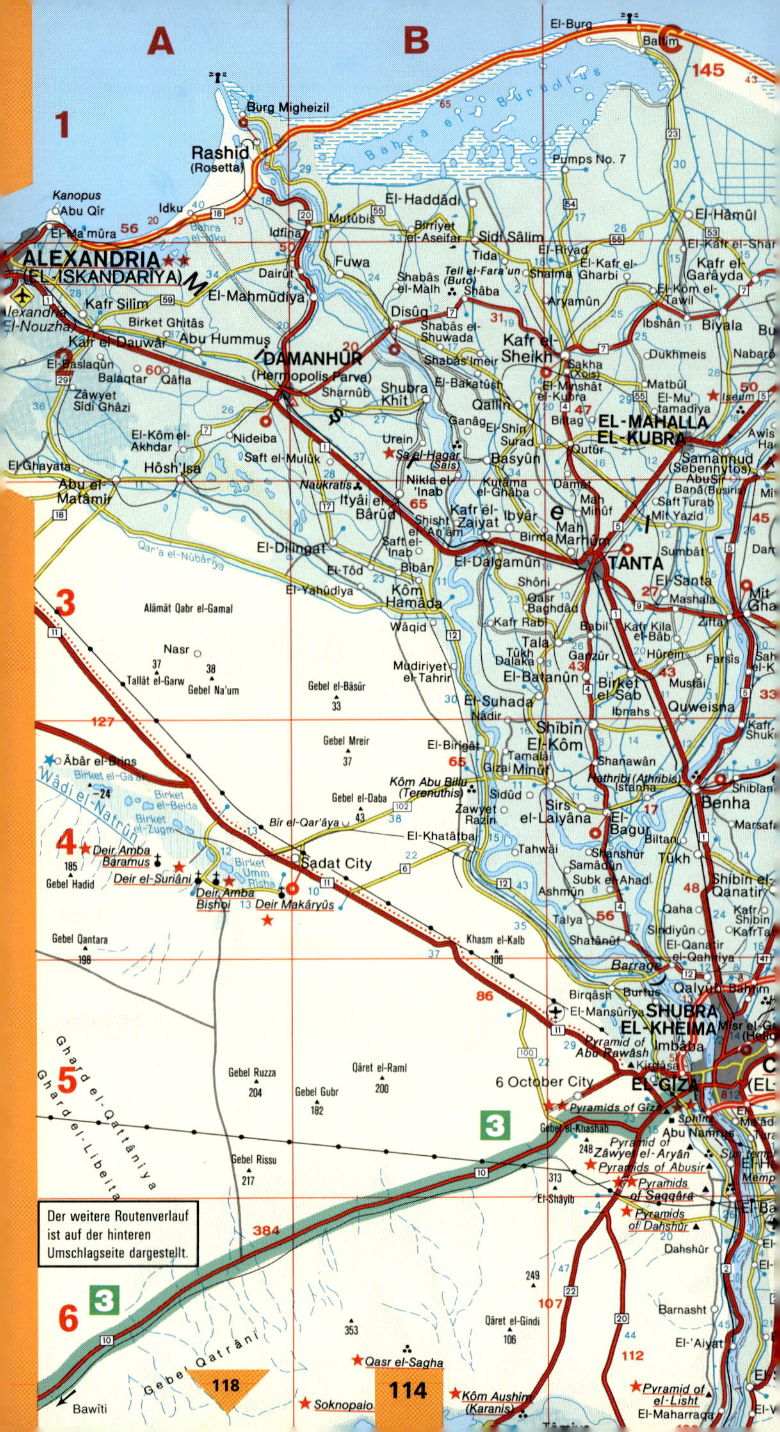
A
B
C
1
3
4
5
6
El-Burg
Baltîm
Burg Migheizil
Bahra el-Burullus
Rashid
(Rosetta)
Pumps No. 7
Kanopus
Abu Qîr
Idku
Bahra el-Idku
El-Haddâdi
El-Hâmûl
El-Ma'mûra
Idfîna
Mutûbis
Birriyet el-Aseifar
Sidi Sâlim
El-Kafr el-Shar
ALEXANDRIA
(EL-ISKANDARÎYA)
Fuwa
Tida
El-Riyad
El-Kafr el-Gharbi
Kafr el-Garâyda
Dairût
Shabâs el-Malh
Tell el-Fara'un (Buto)
Shâba
Shalma
El-Kôm el-Tawil
El-Mahmûdiya
Aryamûn
Alexandria El-Nouzha
Kafr Silîm
Disûq
Ibshân
Biyala
Birket Ghitâs
Abu Hummus
Shabâs el-Shuwada
Kafr el-Sheikh
Kafr el-Dauwâr
DAMANHÛR
(Hermopolis Parva)
Shabâs'Imeir
Sakha (Xois)
Dukhmeis
Nabaro
El-Baslaqûn
Balaqtar
Qâfla
El-Bakatûsh
El-Minshât el-Kubra
Matbûl
El-Mu'tamadiya
Iseum
Zâwyet Sidi Ghâzi
Sharnûb
Shubra Khît
Qallîn
Biltag
EL-MAHALLA EL-KUBRA
El-Kôm el-Akhdar
Nideiba
Ganâg
El-Shin
Surad
Qutûr
Samannud (Sebennytos)
Urein
Sa el-Hagar (Sais)
Basyûn
Abu Sir
Banâ (Busiris)
El-Ghayata
Saft el-Mulûk
Hôsh'Isa
Abu el-Matâmîr
Naukratis
Ityâi el-Bârûd
Nikla el-'Inab
Kutâma el-Ghâba
Damât
Mah Minûf
Saft Turab
Mit Yazid
Kafr el-Zaiyat
Ibyâr
Birma
Mah Marhûm
Shisht el-'An'âm
Saft el-'Inab
Qar'a el-Nûbârîya
El-Dilingât
TANTA
Sumbât
El-Dalgamûn
El-Tôd
Bibân
El-Yahûdiya
Kôm Hamâda
Shôni
El-Santa
Mashala
Mit Gha
Alâmât Qabr el-Gamal
Qasr Baghdâd
Wâqid
Kafr Rabi
Babil
Kafr Kila el-Bâb
Zifta
Tala
Tûkh Dalaka
Ganzûr
Hûrein
Farsis
Nasr
Tallât el-Garw
Gebel Na'um
Mudiriyet el-Tahrir
El-Batanûn
Birket el-Sab
Mustai
Gebel el-Bâsûr
El-Suhada
Ibnahs
Quweisna
Nâdir
Shibîn El-Kôm
Gebel Mreir
El-Birigât
Tamalâi
Gizai
Minûf
Shanawân
Âbâr el-Brins
Birket el-Gaar
Birket el-Beida
Birket el-Zugm
Wâdi el-Natrûn
Kôm Abu Billu (Terenuthis)
Athribis (Athribis)
Istanha
Benha
Shiblan
Gebel el-Daba
Zawyet Razin
Sidûd
Sirs el-Laiyâna
El-Bagur
Marsafa
Bir el-Qar'âya
El-Khatâtba
Biltan
Tûkh
Deir Amba Baramus
Sadat City
Tahwai
Shanshûr
Samâdûn
Subk el-Ahad
Shibîn el-Qanatir
Gebel Hadid
Deir el-Suriâni
Birket Umm Risha
Deir Amba Bishoi
Deir Makâryûs
Ashmûn
Qaha
Kafr Shibîn
Talya
Sindiyûn
Gebel Qantara
Shatânûf
El-Qanatir el-Qahiriya
Khasm el-Kalb
Barrage
Qalyûb
Bahtim
Birqâsh
Burtus
El-Mansûriya
SHUBRA EL-KHEIMA
Misr el-Gedida (Heliopolis)
Pyramid of Abu Rawâsh
Imbâba
Kirdâsa
Gebel Ruzza
Qâret el-Raml
Gebel Gubr
6 October City
EL-GIZA
Pyramids of Giza
Sphinx
Ghard el-Qattâniya
Ghard el-Libeita
Gebel el-Khashab
Abu Namrus
Pyramid of Zâwyet el-Aryân
Gebel Rissu
Pyramids of Abusir
Pyramids of Saqqâra
El-Shâyib
Pyramids of Dahshûr
Memphis
Der weitere Routenverlauf ist auf der hinteren Umschlagseite dargestellt.
Dahshûr
Barnasht
Qâret el-Gindi
El-'Aiyât
Gebel Qatrâni
Qasr el-Sagha
Kôm Aushim (Karanis)
Pyramid of el-Lisht
El-Maharraqa
Soknopaio
Bawîti
118
114

D
E
F
1
2
3
4
5
6
20km
Massabb Dumyât
Râs el-Barr
Gamasa
Ezbet Gamasa el-Gharbiya
Kalabsho
Kafr el-Battikh
Damietta (Dumyât)
'Ezab el-Basarta
Kafr Sa'd
Fâriskûr
Bahra el-Manzala
Qanâ el-Manzala
Mit Abu Ghâlib
El-Rahâmna
Râs el-Khalig
PORT SAID (BÛR SA'ID)
Bûr Fu'ad
Shirbin
El-Bagalât
El-Kûrdi
El-Gamâliya
El-Matariya
Kôm Tinnis
Râs el-'Ish
Khalig el Tîna
El-Manzala
Baramûn
Dikirnis
Mit el-Nasâra
Salamûn
EL-MANSÛRA
Mit Fâris
Beni'Ibeid
Bahr Hadûs
El-Tîna
Tell el-Farame (Pelusium)
Tell el-Lûli
Tell el-Rub Zafar (Mendes)
Sân el-Hagar el-Gibiliya
Tanis
El-Cap
Baloza
Tell el-Timai (Thmuis)
Umm el-Diyâb
Bahr el-Baqar
Gilbâna
El-Simbillâwein
Abu Dawûd el-Sibâkh
El-Sûfiya
Tell-Râk
Tell Fara'ûn (Nabasha)
El-Tell el-Ahmar
Tûkh el-Aqlâm
El-Huseiniya
Daphnae
El-Qantara el-Gharbiya
El-Qantara el-Sharqiya
Mubarak El-Salam Brücke
Suez Canal (Qanâ el-Suweis)
Sangaha
El-Balâmun
Kafr Saqr
El-Ghazâli
Tell el-Dab'a
El-Samâ'ana
El-Munâgat el-Kubra
Qahbûna
Ikrâsh
Kufûr Nigm
Ikyâd
El-Sâlhiya
El-Ballâh
El-Ibramhimiya
Ikwa
Bishet Qâyid
Abu Kebîr
Fâqûs
El-Ferdân
Hihya
El-Hâgir
Qanâyat
Zagazig
El-Alâqma
El-Qurein
El-Qassasîn
Abu Suweir
ISMÂ'ILÎYA
El-Tasa
Tell Basta (Bubastis)
Abu Hammad
Bahtit
El-Abbâsa
El-Tell el-Kebir
Bahr el-Ismâ'ilia
Tell el-Mas' kûtha (Pithom)
Bahra el-Timsâh
Nishwa
Nûba
Kafr el-'Ayid
Beer el-Molak
Serapeum
Mit Hamal
Bilbeis
Abu Sultân
Meet Abu el-Kom el-Gedida
W. el-Watan
Khabira Umm Gidam
W. el-Ashara
Buheirat Murrat el-Kubra (Great Bitter Lake)
El-Zawamil
Fâyid
Gebel el-Hamza
Gebel Umm Raqm
Gebel el-Girba
Fanâra
Abu Za'bal
Khânka
Obour City
Medinet Ashara Ramadan
Buheirat Murrat el-Sughra (Little Bitter Lake)
Kabrit
Gineifa
El-Ribeiqi
Gebel 'Iweibid
Badr City
Cairo
Palace of Abbâsi
El-Shallûfa
El-Agrûd
El-Kûbri
Ahmed Hamdi Tunnel
El-Amal City
Gebel 'Ataqa
W. Kahaliya
W. Abu Durma
SUEZ (EL-SUWEIS)
Bûr Taufiq
El-Shat
'Uyûn
Râs Adabiya
Adabiya
Râs Misalla
Gebel Khaliya
W. Umma Itla
W. Hommath
Bir Gindali
Gebel Abu Shâma
W. Hôf
W. Garawi
Gebel Sid el-Na'âm
W. Hagûl
Bir Bad'
Gebel Akheidir
W. Gharba
Bir Udeib
Sheikh Salama
W. 'Hayira
Wâdi el-Shuna
W. Ghuweibba
Râs El-Sudr
Wâdi el-Wirâg
Naqb Ghûl
Bir Abu Darag
119

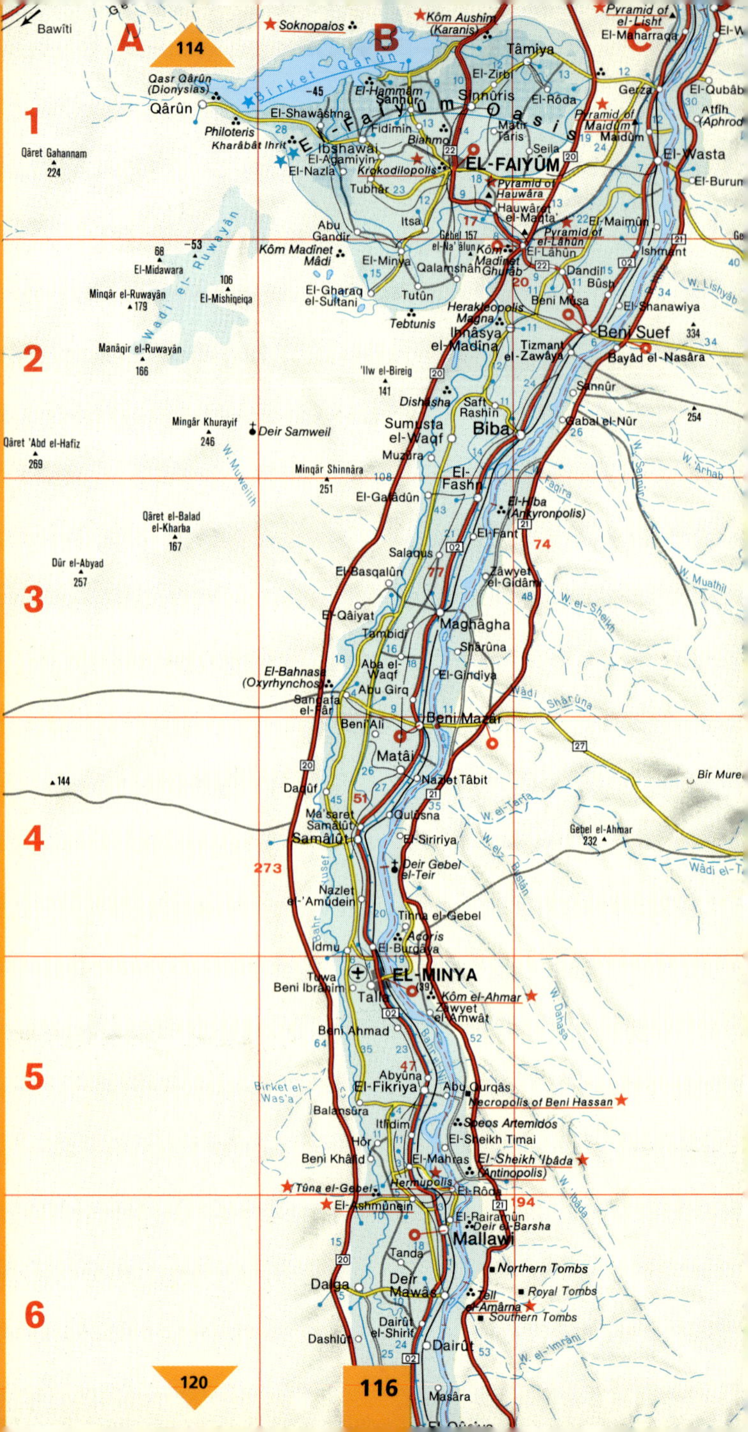

A
B
C
114
120
1
2
3
4
5
6
Bawîti
Soknopaios
Kôm Aushîm (Karanis)
Pyramid of el-Lisht
El-Maharraqa
Tâmiya
Qasr Qârûn (Dionysias)
Birket Qârûn
-45
El-Hammam
Sanhûr
Sinnûris
El-Zirbi
El-Rôda
Gerza
El-Qubâbât
Atfîh (Aphroditopolis)
Qârûn
El-Shawâshna
El-Faiyûm Oasis
Philoteris
Fidimin
Biahmo
Mattar Târis
Pyramid of Maidûm
Maidûm
Kharâbât Ihrit
Ibshawai
El-Agamiyin
El-Nazla
Krokodilopolis
EL-FAIYÛM
Seila
El-Wasta
El-Burumbul
Qâret Gahannam
224
Tubhâr
Pyramid of Hauwâra
Hauwâret el-Maqta'
El-Maimûn
Abu Gandir
Itsa
Gebel el-Na'alun 157
Pyramid of el-Lahûn
El-Lahûn
Ishmant
Kôm Madînet Mâdi
El-Minya
Kôm Madînet Ghurâb
Qalamshâh
Dandîl
Bûsh
W. Lishyâb
68
-53
El-Midawara
106
El-Mishiqeiqa
Minqâr el-Ruwayân
179
Wadi el-Ruwayân
El-Gharaq el-Sultani
Tutûn
Beni Musa
El-Shanawiya
Tebtunis
Herakleopolis Magna
Ihnâsya el-Madîna
Beni Suef
334
Tizmant el-Zawâya
Bayâd el-Nasâra
Manâqir el-Ruwayân
166
'Ilw el-Bireig
141
Dishasha
Sannûr
Saft Rashîn
254
Gabal el-Nûr
Sumusta el-Waqf
Biba
Mingâr Khurayif
246
Deir Samweil
Qâret 'Abd el-Hafiz
269
W. Muweilih
Muzûra
W. Sannur
W. 'Arhab
Minqâr Shinnâra
251
El-Gafâdûn
El-Fashn
El-Hiba (Ankyronpolis)
Qâret el-Balad el-Kharba
167
El-Fant
74
Salaqus
Dûr el-Abyad
257
El-Basqalûn
Zâwyet el-Gidâmi
W. Muathil
W. el-Sheikh
El-Qâiyat
Maghâgha
Tambidi
Shârûna
Aba el-Waqf
El-Gindiya
El-Bahnasa (Oxyrhynchos)
Abu Girq
Wâdi Shârûna
Sandafa el-Fâr
Beni Mazâr
Beni 'Ali
Matâi
Bîr Mureikha
144
Nazlet Tâbit
Daqûf
W. el-Tarfa
Ma'saret Samâlût
Qulûsna
Samâlût
El-Siririya
Gebel el-Ahmar
232
W. el-Bustân
Wâdi el-T
273
Deir Gebel el-Teir
Bahr Yusef
Nazlet el-'Amûdein
Tihna el-Gebel
Acoris
Idmu
El-Burgâya
EL-MINYA
Tûwa
Beni Ibrahim
Talla
Kôm el-Ahmar
W. Dahasa
Zawyet el-Amwât
Beni Ahmad
Bahr el-Nil
Abyûna
El-Fikriya
Abu Qurqâs
Birket el-Was'a
Necropolis of Beni Hassan
Balansûra
Itlidim
Speos Artemidos
Hôr
El-Sheikh Timai
Beni Khâlid
El-Mahras
El-Sheikh 'Ibâda (Antinopolis)
W. 'Ibâda
Tûna el-Gebel
Hermupolis
El-Rôda
194
El-Ashmûnein
El-Rairamûn
Deir el-Barsha
Mallawi
Tanda
Northern Tombs
Dalga
Deir Mawâs
Tell el-Amârna
Royal Tombs
Southern Tombs
Dairût el-Shirif
Dashlût
Dairût
W. el-'Imrâni
Masâra

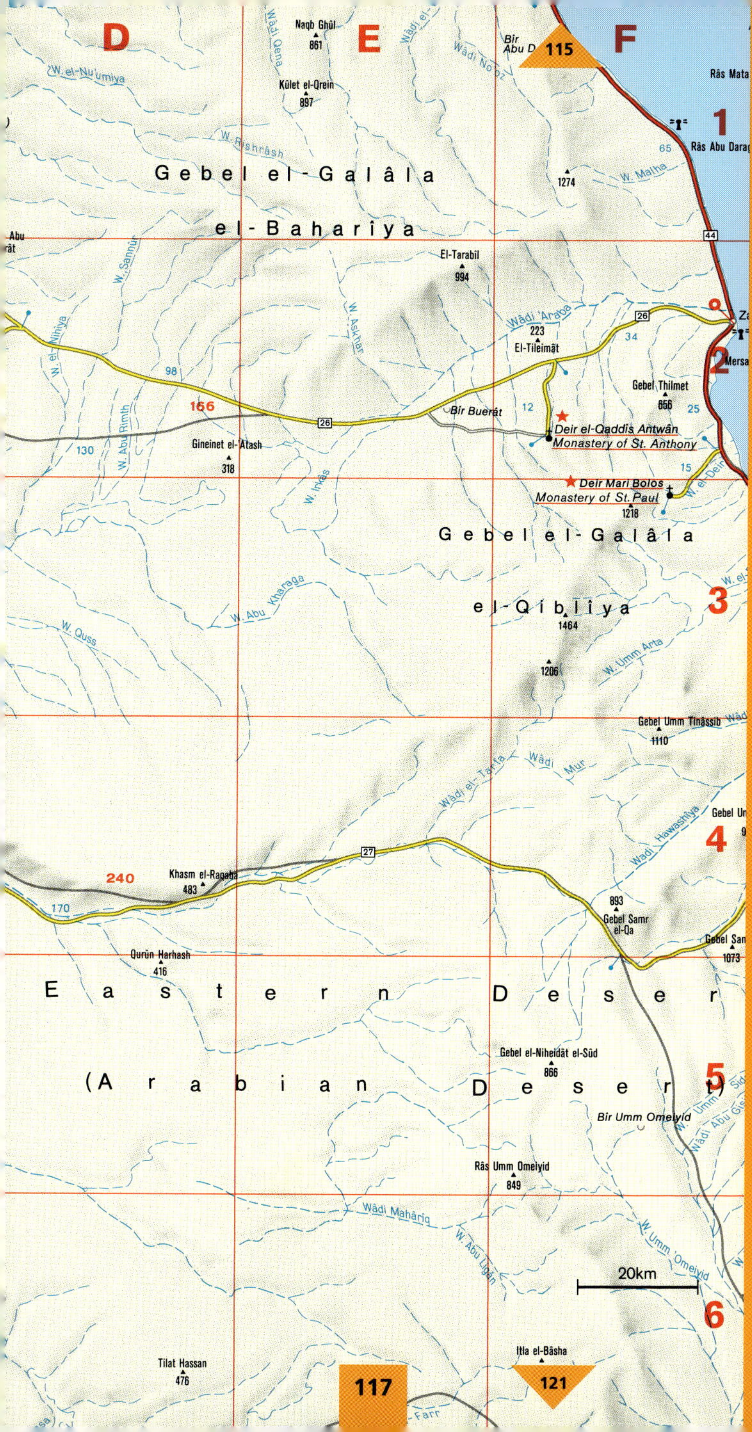

D
E
F
115
Naqb Ghûl
861
Wâdi Qena
Kûlet el-Qrein
897
W. el-Nu'umiya
Bîr Abu D
Wâdi No'oz
Râs Mata
1
Râs Abu Darag
65
W. Rishrâsh
Gebel el-Galâla
el-Bahariîya
1274
W. Malha
44
Abu
El-Tarabil
994
W. Sannûr
W. Askhar
Wâdi 'Araba
223
El-Tileimât
26
34
2
Mersa
W. el-Nihiya
98
156
26
Bîr Buerât
12
Gebel Thilmet
656
25
Deir el-Qaddîs Antwân
Monastery of St. Anthony
130
W. Abu Rimth
Gineinet el-'Atash
318
W. Inkâs
15
Deir Mari Bolos
Monastery of St. Paul
1218
W. el-Deir
Gebel el-Galâla
el-Qiblîya
W. Abu Kharaga
3
W. el-
W. Quss
1464
1206
W. Umm Arta
Gebel Umm Tinâssib
1110
Wâdi el-Tarfa
Wâdi Mur
Gebel Um
W. Hawashîya
4
27
240
Khasm el-Ragaba
483
170
893
Gebel Samr el-Qa
Gebel San
1073
Qurûn Harhash
416
Eastern Desert
(Arabian Desert)
Gebel el-Niheidât el-Sûd
866
5
Bîr Umm Omeiyid
W. Umm Sid
Wâdi Abu Gi
Râs Umm Omeiyid
849
Wâdi Mahârîq
W. Abu Ligân
W. Umm 'Omeiyid
20km
6
Itla el-Bâsha
Tilat Hassan
476
121
Farr

A
B
C
1
2
3
4
5
6
Asl
Darag
Wardân
Râs Matarma
Râs Matarma
426
Gebel Khoshira
1076
Wâdi el-Siq
Wâdi Yarga
Râs Abu Darag
Gebel Fûl
435
Wâdi Gharandal
Ras Umm Maghrab
930
W. Malha
1274
Râs Mal'ab
110
El-Gharanda
Hamman Fara'un
S
i
G
u
l
f
o
f
S
u
e
z
Wâdi el-Homur
Wâdi el-Garf
Za'farâna
Araba
Mersa Thilmet
Abu Zenima
Sarabît el-Khâdim
Umm Bugma
Gebel Thilmet
656
Deir el-Qaddis Antwân
Monastery of St. Anthony
Râs Budrân
Gebel Atairtir el-Dahami
1047
Abu Rudeis
Gebel Maghara
Wâdi Sidri
791
Wâdi Mukattab
Deir Mari Bolos
Monastery of St. Paul
1218
W. el-Deir
Gebel Abu 'Alaqa
el-Galâla
Râs Issaran
37
Wâdi Feirân
El-Feiran
W. el-Dakhal
107
Râs Ruahmi
ibliya
1464
Râs Sharâtib
Wadi Feiran
W. Umm Arta
1206
Râs Amir
El-Bilaiyim
Râs Abu Bakr
El-Bilaiyim
72
Gebel Umm Tinâssib
Wâdi Umm Tinâssib
1110
Abu Durba
Wâdi Mur
Râs el-Wa'ir
Wadi Hawashiya
Gebel Umm Rabul
969
Râs Ghârib
Râs Ghârib
Wadi Abu Hâd
Râs Abu Suweira
Hammam M
El-Morgan
W. el-Khreim
El-Mallâha
893
Gebel Samr el-Qa
Gebel Samr el-'Abd
1073
W. Ghârib
Gebel Abu Khashaba
1461
1757
Râs Shukheir
Gebel Ghârib
esert
Gebel Ruseis
949
Râs Dib
Gebel Ghweirib
1359
W. Dâra
el-Niheidât el-Sûd
866
Gebel el-Zeit
457
esert)
W. Umm Sidar
Wadi Abu Gisil
1359
Wâdi Dâra
Gebel el-Kharâza
Gebel Dâra
1077
W. Dib
Bîr Umm Omeiyid
946
Gebel Monqûl
151
Bîr Dib
Ghubbet el-Zeit
1236
Gebel el-'Urf
W. Umm 'Omeiyid
W. Umm Balad
Wadi Abu Had
Gebel Abu Had
770
20km
Ghubbet el-Gemsa
Bîr Milâha
Gebel 'Idid el-Gadân
1137
el-Bâsha
625
W. Abu Marwa
122
Gebel Zubeir
1397

Gebel el-Tîh
D
E
F
Sinai
Gebel el-'Igma
Elat
Submarine Museum
Salad ad-Din
Taba
Pharao's Island
El-Aqaba
Haql
Al Humaydah
Gebel Ghazlâni
1041
Gebel Kheiyâla
1323
Wâdi el-Aqaba
Wâdi el-Butum
Wâdi Girâ
Wâdi Qideira
Coloured Canyon
Wâdi Watir
Râs el-Gineina
1626
Forest of Pillars
Wâdi Seih
Wâdi el-Biyâr
Ain el-Furtâga
Tarabin
Nuweiba
Gebel Ghlim
1229
Gebel Dalal
1606
Wâdi Zeleqa
Gulf of Aqaba
SAUDI ARABIA
Gebel Sukhn
926
Ras Abu Gallum Reserve
Râs Abu Galûm
Râs Suwayhil
J. Taiyib al-Ism
1052
Wâdi Akhdar
Wâdi el-Sheikh
Oasis
Watia Pass
1226
Nabi Salih
Gebel Tarbûsh
2093
El-Milga
Deir Sant Katerin
Monastery of St. Catherine
Gebel Mûsa
2285 (Mount Sinai)
Gebel Katherina
2642
Gebel Bab
2228
Bîr Nasrani
Wâdi Mir
Gebel Umm Ri'
1312
Gebel Nughaimish
1008
Wâdi Zaghra
Wadi Nasib Pass
Wâdi Nasb
Gebel Feirâni
1685
Assalah
Dahab
Dahab Reserve
Al Maqnâh
Gebel Giddat el-'Ila
2207
Gebel Umm Shomar
2586
2412
Sharira Pass
Gebel Umm 'Isheirât
1120
Wâdi Lig
Wâdi Humr
Wâdi Mâlhaq
Râs Atantûr
Gebel el-Thabt
2438
Gebel Sabbâgh
2266
Wâdi Mandar
Nabq Reserve
Wâdi Kid
El-Tûr
Wâdi Imlaha
Wâdi Isla
Wâdi Thiman
Wâdi Mahash
Wâdi Umm Adawi
Nabq
834
Râs Ash
Shaykh Humayd
Ra's Abû Seif
Ra's al-Qaşabah
Garra
Gebel Sahara
1459
Sharm el-Sheikh (Ophira)
557
Gebel Wâ'ir
Râs Nusrâni
Strait of Tiran
Jazirat Tirân
Jazirat Sinâfir
Tirân and Sinâfir Islands Reserve
Râs Kanisa
Gebel Madsûs
740
Sharm el-Sheikh
Na'ama Bay
Reefs
Râs Umm Sid
Madiq Gûbâl
Gezr. Ashrâfi
Gezr. Qeisûm
Gezr. Gûbâl
Gezr. Tawîla
Râs Muhammad
Râs Muhammad National Park
Gez. Shadwân
301
Hurghada
1
2
3
4
5
6
119
123

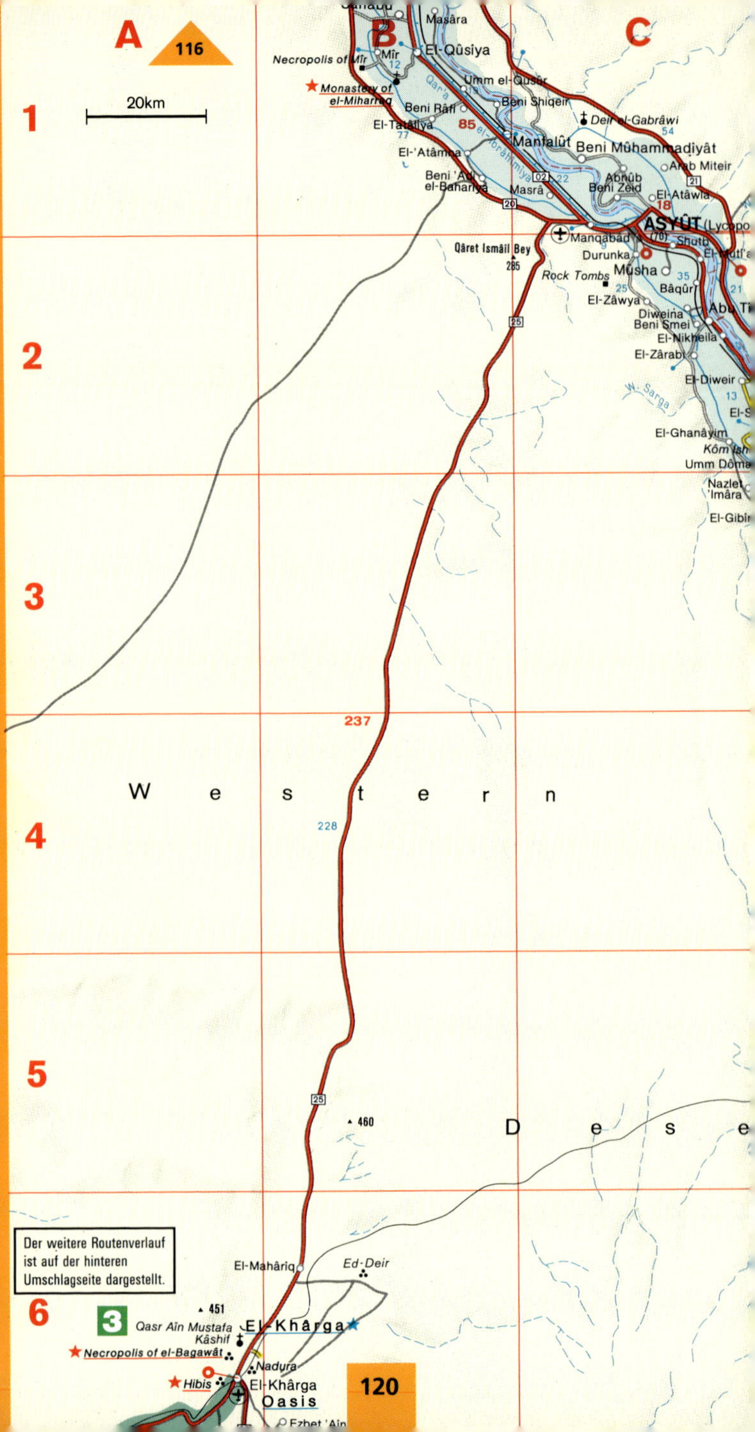
A
116
B
C
1
2
3
4
5
6
20km
Masâra
El-Qûsîya
Mîr
Necropolis of Mîr
Monastery of el-Miharraq
Umm el-Qusûr
Beni Râfi
Beni Shiqeir
Deir el-Gabrâwi
El-Tatâliya
85
Manfalût
Beni Mûhammadiyât
El-'Atâmna
Arab Miteir
Beni 'Adi el-Bahariya
Abnûb
Beni Zeid
Masrâ
El-Atâwla
18
ASYÛT (Lycopo
Manqabad
Shutb
Qâret Ismâil Bey
285
Durunka
Mûsha
Rock Tombs
Bâqûr
El-Zâwya
Diweina
Beni Smei
El-Nikheila
El-Zârabi
El-Diweir
W. Sarga
El-Ghanâyim
Kôm Ish
Umm Dôma
Nazlet 'Imâra
El-Gibir
237
W e s t e r n
228
460
D e s e
Der weitere Routenverlauf ist auf der hinteren Umschlagseite dargestellt.
El-Mahâriq
Ed-Deir
451
3
Qasr Aîn Mustafa Kâshif
El-Khârga
Necropolis of el-Bagawât
Nadura
Hibis
El-Khârga Oasis
120
Ezbet 'Ain

D
E
F
117
1
2
3
4
5
121
W. el-Dahasa
W. Hubâra
Wâdi Qird el-Farr
W. el-Asyûti
W. Maraheil
Wâdi Gurdi el-Soghair
Bir Timmit el-Shifa
Wâdi Qena
487
Kôlet el-Fartilla
Wâdi Habib
Deir Tasa
El-Badâri
Wâdi Abu Tareifia
Bir Umm Dûd
Bir Umm el-Abbas
Qâw el-Kebir
(Antaeopolis)
Tima
Bir Abu Haleifa
Wâdi Sheitun
Bir Abu Laseifa
Wâdi Gurdi
El-Nawâwra
210
167
El-Galâwiya
Tahta
Ineibis
El-Marâgha
Fâwgilai
Naza
Siflâq
Shandawil
Gezirei Shandawil
Nida
Wâdi Bir el-'Ain
Bir el-'Ain
Wâdi Qasab
Gebel
Tûnis
Deir el-Ahmar
Sohâg
Akhmîm (Panopolis)
Deir el-Abyad
Balasfûra
403
Rawâfi el-Quseir
Athribis
El-Manshâh
(Ptolemais)
El-Kawâmil Bahari
W. Shabadin
Nag' el-Deir
Aulâd Salâma
W. el-Miyât
El-Birba
(This, Thinis)
Aulâd Yihya Bahari
W. Abu Nafûkh
Beit Khallâf
Girga
439
Gebel el-Sheikh
Minshat Bardis
100
Gebel Abu Mannâ
437
El-Sheikh Marzûq
El-Balyana
El-Kushh
El-Arâba el-Madfûna
Bahr el-Nil
El-Bâlabish
413
El-Makhâdma
Abydos
Abu Mannâ Bahari
44
Abu Diyâb
Dishna
Aulâd
332
Samhûd
Abu Tisht
El-Rizqa
Fâw Qibli
Dendera
(Tentyris)
Muwaslet el-Wahât
02
El-Karnak
Bahgûra
El-Qasr
El-Waqf
Farshût
Nag Hammadi
409
Hiw
(Diospolis Parva)
Gebel Sinn el-Gîr
409
Gebel Qarn el-Gir
331
Gebel Abu el-Nûr
Wâdi el-Karnak
W. el-Hôl
Naqâda
Wâdi Umm Heif
Deir Mâri Buktûr
Deir el-Melak
Valley of the Kings
Western Thebes
El-Dabiya
Armant
(Hermonthis)
El-Bayâdiya
El Rizeiqât
El-'Idisât
Tôd
Gebelen
218
Crocodilopolis
El-Shaghab
Mo'alla
Kîmân el-Matâ'na
211

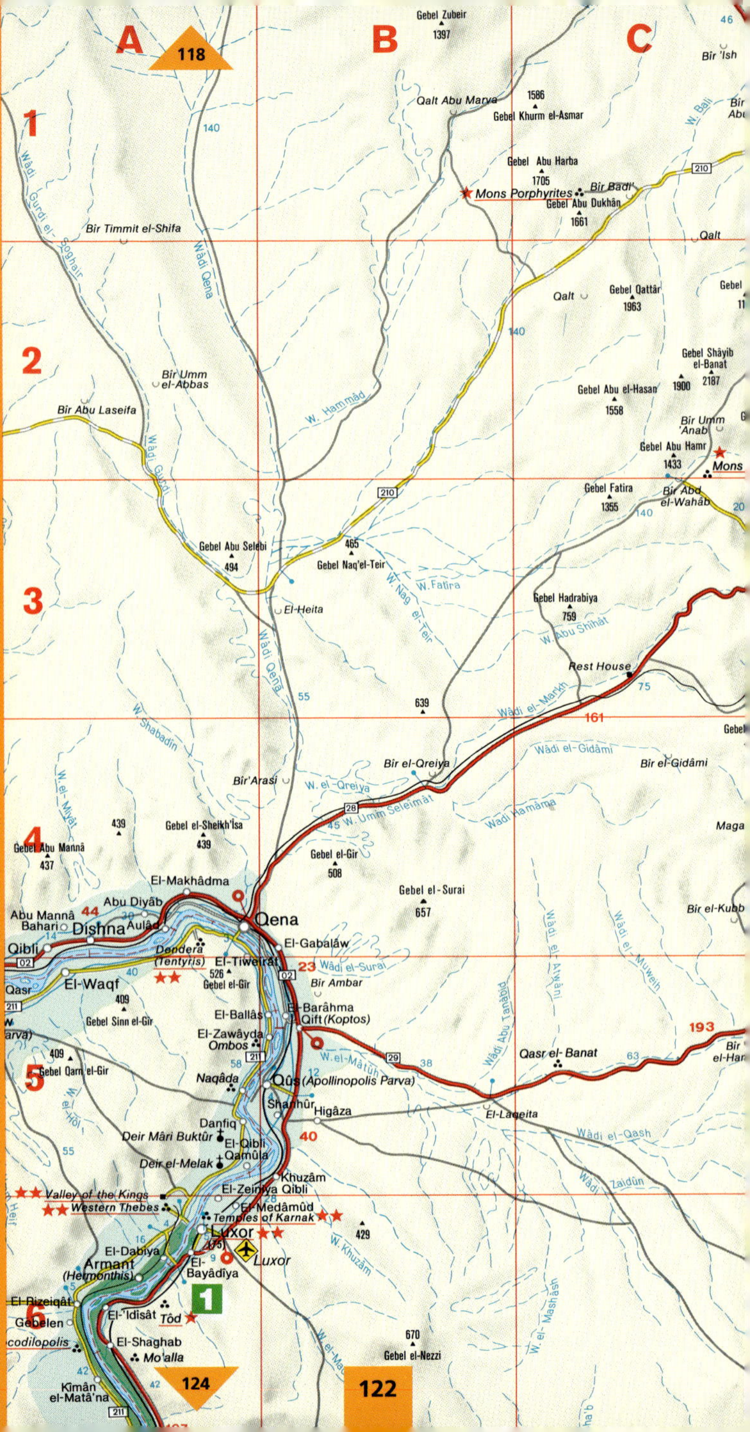

A
B
C
118
Gebel Zubeir 1397
Bîr 'Ish
Qalt Abu Marva
Gebel Khurm el-Asmar 1586
W. Bali
Gebel Abu Harba 1705
Mons Porphyrites
Bîr Badi'
Gebel Abu Dukhân 1661
Bîr Timmit el-Shifa
Wâdi Gurdi el-Soghair
Wâdi Qena
Qalt
Gebel Qattâr 1963
Bîr Umm el-Abbas
Bîr Abu Laseifa
W. Hammâd
Gebel Shâyib el-Banat 2187
Gebel Abu el-Hasan 1558
Bîr Umm 'Anab
Gebel Abu Hamr 1433
Mons
Wâdi Gurdi
Gebel Fatira 1355
Bîr Abd el-Wahâb
Gebel Abu Selebi 494
Gebel Naq'el-Teir 465
W. Fatira
W. Nag el-Teir
El-Heita
Gebel Hadrabiya 759
W. Abu Shihât
Rest House
Wâdi el-Markh
W. Shabadîn
Bîr el-Qreiya
Wâdi el-Gidâmi
Bîr el-Gidâmi
Bîr 'Arasi
W. el-Qreiya
W. Umm Seleimât
Wadi Hamama
W. el-Miyât
Gebel el-Sheikh'Isa 439
Gebel Abu Mannâ 437
Gebel el-Gir 508
Maga
El-Makhâdma
Gebel el-Surai 657
Abu Diyâb
Abu Mannâ Bahari
Dishna
Aulâd
Qena
Bîr el-Kubb
Qiblî
Dendera (Tentyris)
El-Gabalâw
El-Tiweirat
Gebel el-Gir 526
Wâdi el-Surai
Wâdi el-Atwâni
Wâdi el-Muweih
Qasr
El-Waqf
Bîr Ambar
Gebel Sinn el-Gir 409
El-Ballâs
El-Barâhma
Qift (Koptos)
El-Zawâyda
Ombos
Wâdi Abu Tanâbid
Bîr el-Har
Gebel Qarn el-Gir 409
W.el-Mâtûh
Qasr el-Banat
Naqâda
Qûs (Apollinopolis Parva)
W. el-Hôl
Shanhûr
Higâza
El-Laqeita
Danfiq
Wâdi el-Qash
Deir Mâri Buktûr
El-Qibli Qamûla
Deir el-Melak
Khuzâm
Wâdi Zaidûn
Valley of the Kings
El-Zeiniya Qibli
Western Thebes
El-Medâmûd
Temples of Karnak
Luxor
Luxor
W. Khuzâm
El-Dabiya
Armant (Hermonthis)
El-Bayâdîya
El-Rizeiqât
Gebelen
El-'Idisât
Tôd
W. el-Mashâsh
Crocodilopolis
El-Shaghab
Mo'alla
Gebel el-Nezzi 670
Kîmân el-Matâ'na
124

D
E
F
119
1
2
3
4
5
6
20km
301
Sharm el-Sheik
El-Gouna
Abu Sha'r
20
Reefs
Gezr. Gifatin
Hurghada
Hurghada
Gezr. Abu Minqâr
Gezr. Umm Agawish
Umm Delfa
Wâdi Abu Aqieri
53
44
'Anab
Gebel Abu Moqul
1246
Bir Abu Murrât
Râs Abu Sôma
Ghubbet Râs Abu Sôma
Gezr. Safâga
W. Barûd
Bûr Safâga
Duba
R E D
Bir Umm Tâghir
Gebel Nagâra
834
20
41
Bir Safâga
Mareiwât
Wadi Safâga
Magal
15
Gebel Wa'ira
1035
Bir Wasif
Umm Huweitat
Bir Semna
Bir Abu Gawa
20
S E A
85
709
Gebel Umm Zarâbit
65
Bir Quei'
85
Wâdi Saqia
44
Gebel Hamrawein
679
619
Gebel el-Rubshi
996
Bir Nakheil
Bir el-'Anz
Jiddah
Bir Siyala
Gebel Mi'tig
1112
1038
Gebel Umm Ba'anib
38
Quseir
El-Aweina
Bir Beida
29
Bir Zareib
54
Gebel Hamadât
433
Fawakhir
Bir el-Sid
Bir Kareim
Bir el-Muweilih
W. Asal
Bir 'Asal
53
Bir Hamdalla
912
Bir el-Qash
Gebel Umm Khurs
Râs Abu'Aweid
W. el-Arak
Gebel Abu Tiyûr
1099
Gebel el-Sibâ'i
1484
Bir Umm Gheig
Bir Zaidûn
W. Zaidûn
W. Umm Laseifa
W. Ma'sar
Râs Toronbi
W. Umm Gheig
44
Marsa Alam
145
Gebel Umm Naqqât
1309
123
125
W. el-Miyâh
Shalût

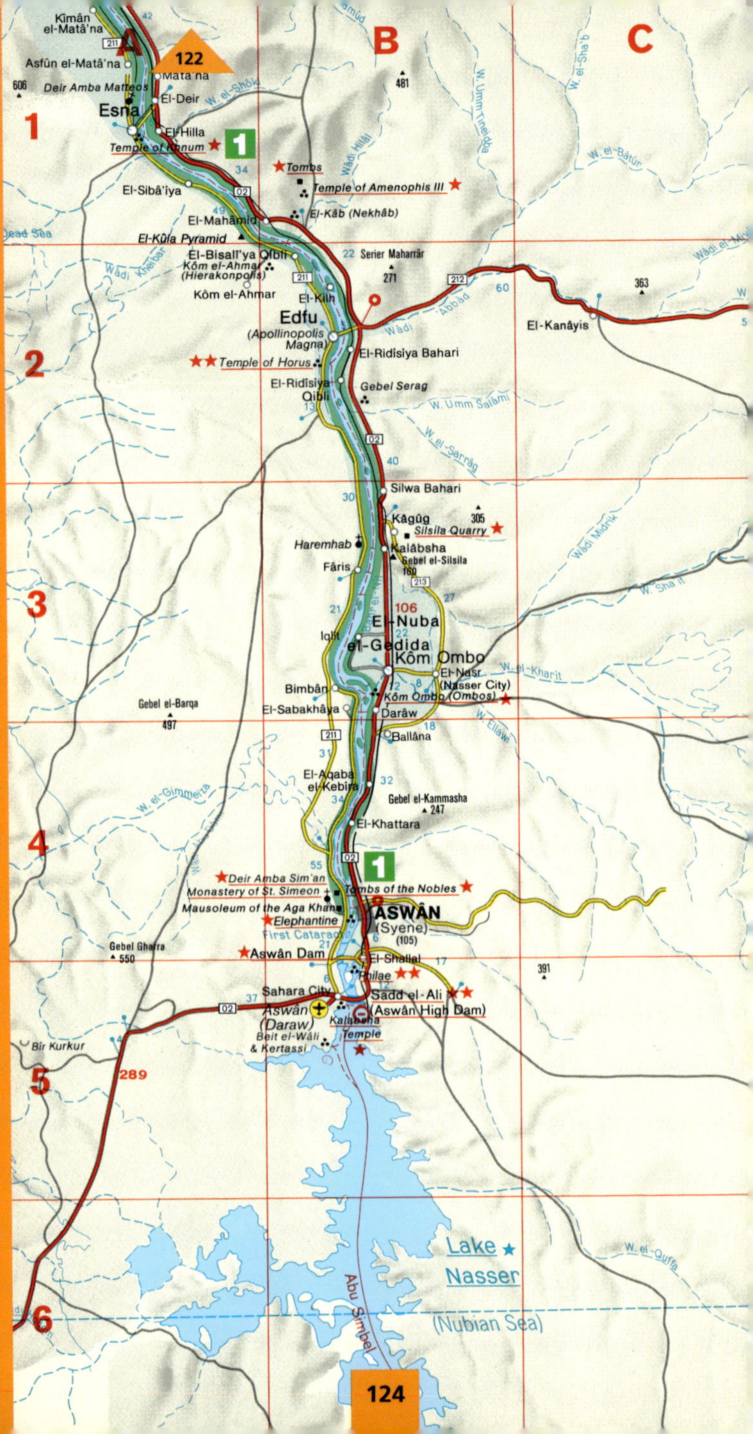

122
124
A
B
C
1
2
3
4
5
6
Kîmân el-Matâ'na
Asfûn el-Matâ'na
Matâ'na
Deir Amba Matteos
El-Deir
Esna
El-Hilla
Temple of Khnum
Tombs
Temple of Amenophis III
El-Sibâ'iya
El-Mahâmîd
El-Kâb (Nekhâb)
El-Kûla Pyramid
El-Bisalî'ya Qibli
Kôm el-Ahmar (Hierakonpolis)
Kôm el-Ahmar
Serier Maharrâr
El-Kilh
Edfu (Apollinopolis Magna)
El-Ridisîya Bahari
Temple of Horus
El-Ridîsîya Qibli
Gebel Serag
El-Kanâyis
Dead Sea
Wâdi Kheibar
W. el-Shôk
Wâdi Hilâl
W. Umm Tineidba
W. el-Sha'b
W. el-Bâtûr
Wâdi Abbâd
W. Umm Salâmi
W. el-Sarrâg
Silwa Bahari
Kâgûg
Silsila Quarry
Haremhab
Kalâbsha
Gebel el-Silsila
Fâris
Wâdi Midrik
W. Sha'it
El-Nuba el-Gedida
Kôm Ombo
El-Nasr (Nasser City)
Kôm Ombo (Ombos)
W. el-Kharit
Iqlit
Bimbân
El-Sabakhâya
Darâw
Ballâna
W. Ellawi
Gebel el-Barqa
El-Aqaba el-Kebira
Gebel el-Kammasha
W. el-Gimmeiza
El-Khattara
Deir Amba Sim'an
Monastery of St. Simeon
Mausoleum of the Aga Khan
Tombs of the Nobles
ASWÂN (Syene)
Elephantine
First Cataract
Gebel Gharra
Aswân Dam
El-Shallal
Philae
Sahara City
Sadd el-Ali (Aswân High Dam)
Aswân (Daraw)
Kalâbsha Temple
Beit el-Wâli & Kertassi
Bir Kurkur
Lake Nasser
(Nubian Sea)
Abu Simbel
W. el-Qurfa

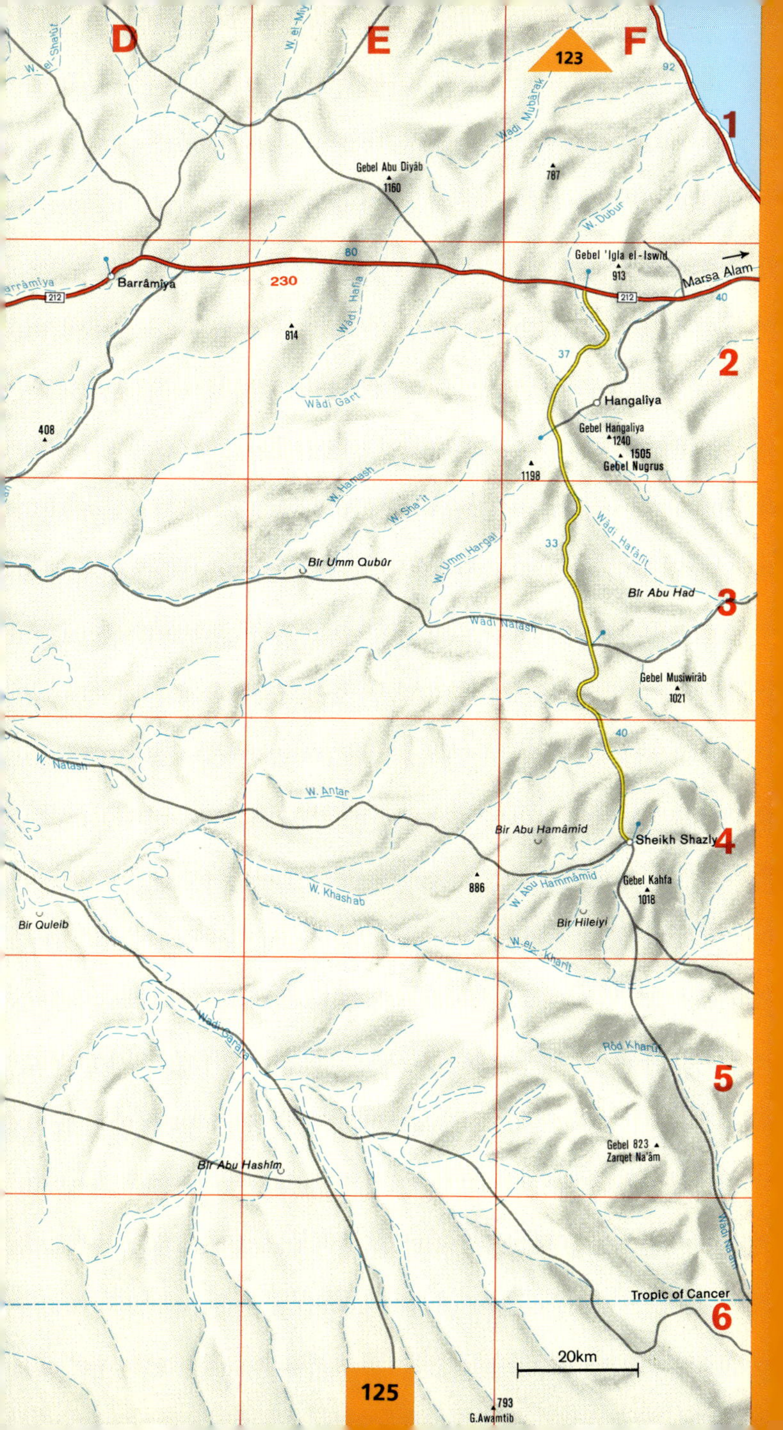

D
E
F
123
1
2
3
4
5
6
W. el-Shafût
W. el-Miy
Wadi Mubârak
92
Gebel Abu Diyâb
1160
787
W. Dubur
80
Gebel 'Igla el-Iswid
913
Marsa Alam
Barrâmîya
212
230
Wadi Hafia
814
40
37
Hangalîya
Gebel Hangaliya
1240
1505
Gebel Nugrus
Wâdi Gart
408
1198
W. Hamash
W. Sha'it
Wâdi Hafâfît
33
Bir Umm Qubûr
W. Umm Hargal
Bir Abu Had
Wadi Natash
Gebel Musiwirâb
1021
W. Natash
W. Antar
Bir Abu Hamâmid
Sheikh Shazly
886
W. Khashab
W. Abu Hammâmid
Gebel Kahfa
1018
Bir Quleib
Bir Hileiyi
W. el-Kharit
Wadi Garara
Rôd Kharit
Gebel 823
Zarqet Na'âm
Bir Abu Hashim
Tropic of Cancer
20km
125
793
G.Awamtib

Thebes
500 m
Tombs of the Kings:
6 Tomb of Ramses IX ★
8 Tomb of Merenptah ★
9 Tomb of Ramses VI
11 Tomb of Ramses III ★★
17 Tomb of Sethos I ★
34 Tomb of Thutmosis III
35 Tomb of Amenhetep II
57 Tomb of Horemheb
62 Tomb of Tutankhamun ★
Tombs of the Queens:
44 Tomb of Khaemweset
52 Tomb of Tyti
55 Tomb of Amenherchopskhef ★
66 Tomb of Nefertari ★★
Tombs of the Sheikh 'Abd el-Qurna:
52 Tomb of Nakht ★★
55 Tomb of Ramose ★
60 Tomb of Intefoqer
69 Tomb of Mena ★
Stone Wall
★★ VALLEY OF THE KINGS
(Biban el-Muluk)
218
Tomb of Amenophis III
WESTERN VALLEY
EASTERN VALLEY
Tomb of Eje
Rest House
Tombs of the Kings
Mountain path
220
Deir el-Bahari
Private tombs of the XI.Dynasty
289
Temple of Hatshepsut ★★
Hotel Air Ballon
470
★ Temple of Mentuhotep II
Rest House
Dra Abu el-Naga
Massasna Mosque
El-Asasif
El-Khokhan
Upper Enclosure
Lower Enclosure
★★ Tombs of Sheikh 'Abd el-Qurna
Temple of Thutmosis III
Temple of Ramses
★ VALLEY OF THE QUEENS
(Biban el-Harim)
★ Ptolemaic Temple
Deir el - Medina
(Workers Village)
German Archeological Institute House
Rest House
Temple of Amenophis II
★★ Ramesseum
(Temple of Ramses II)
Tombs of the Queens
Qurnet Mura' i
Temple of Thutmosis IV
Temple of Merenptah
Hotel Marsam
★★ NECROPOLIS OF THEBES
(Western Thebes)
Ticket Office
Hotel Pharaos
Temple of Amenophis III
Temple of Eje and Haremhab
★ Temple of Ramses III
★ Colossis of Memnon
(Amenophis III)
Medinet Habu
Nag' Kom Lolah
Temple of Thutmosis III
Hotel Habu
Hotel Memnon
Temple of Amun
Nag' el Qatr
Palace of Amenophis III
Birket Habu
(Formerly Lake Amenophis III)
El-Kom

Karnak/Luxor
500 m
El-Tarif
El-Nag' el-Tahtani
Gezired Sa'd
Gezired Sa'd
NILE
Hilton Hotel
Hotel Pharaon
Badrân Canal
El-Nag' el-Tahtani
El-Nag' el-Malkata
Temple of Montu
Ptolemaic Temple
Kiosk of Sesostris I
Temple of Ptah
Shari el-Karnak
Temple of Ramses III
Great Temple of Amun
Temple of Osiris and the Epet
Temple of Chons
Sacred Lake
Temple of Amenophis II
Avenue of Sphinxes
EL-KARNAK
Temple of Amenophis III
Temple of Mut
Mosque and Tomb of El Saiyid Yusef Abu el Haggag
Temple of Ramses III
Sacred Lake
el-Karnak
Shari el-Matar
Youth Hostel
Mabad
Shari el-Nil
Luxor Museum
Dept. of Antiquities
Shari Bahr
Hotel Windsor
Hotel Philippe
Hotel Etap Luxor
Coptic Church
Evangelical Church
Luxor City Council
Hotel Savoy
Hotel Mina Palace
Franciscan Church
Shari Ahmos
Shari Bur Said
Catholic Church
Shari Salah Salem
Abu el-Haggag Mosque
Luxor
Temple of Luxor
Shari Mustafa Kamel
Shari Cleopatra
Shari el-Mahatta
Youth Hostel
Hotel Luxor
Shari Mohammed Farid
Egotel
Hotel Winter Palace
Luxor Station
Shari Salah ed-Din

Hier finden Sie alle in diesem Reiseführer erwähnten Orte und Ausflugsziele, wichtige Sachbegriffe und Personen. Halbfette Seitenzahlen verweisen auf den Haupteintrag, kursive auf ein Foto.

Schreiben Sie uns!

Liebe Leserin, lieber Leser,

wir setzen alles daran, Ihnen möglichst aktuelle Informationen mit auf die Reise zu geben. Dennoch schleichen sich manchmal Fehler ein – trotz gründlicher Recherche unserer Autoren/innen. Sie haben sicherlich Verständnis, dass der Verlag dafür keine Haftung übernehmen kann. Wir freuen uns aber, wenn Sie uns schreiben.

Senden Sie Ihre Post an die Marco Polo Redaktion, MAIRDUMONT, Postfach 31 51, 73751 Ostfildern, info@marcopolo.de

Impressum

Titelbild: Giza, Kamelreiter vor den Pyramiden (Zefa: Janicek)
Fotos: HB Verlag: Emmler (2 o., 5 r., 59, 80, 90); F. Ihlow (6, 49); G. Jung (41, 70, 72, 82); laif: Emmler (U. l., U. M., U. r., 1, 2 u., 7, 9, 11, 12, 16, 18, 20, 22, 24, 25, 26, 27, 28, 31, 32, 33, 36, 40, 42, 46, 54, 63, 64, 65, 66, 69, 71, 76, 85, 88, 92, 95, 96, 100), Krause (58), Tatlow (60); Mauritius: Kugler (34); H. Mielke (78, 99); T. Stankiewicz (4, 5 l., 15, 43, 52, 86); Zefa: Janicek (111)

3. (13.), aktualisierte Auflage 2005 © MAIRDUMONT, Ostfildern
Herausgeber: Ferdinand Ranft, Chefredakteurin: Marion Zorn
Redaktion: Manfred Pötzscher, Bildredaktion: Gabriele Forst
Kartografie Reiseatlas: © MAIRDUMONT/Falk Verlag, Ostfildern
Gestaltung: red.sign, Stuttgart
Sprachführer: in Zusammenarbeit mit Ernst Klett Sprachen GmbH, Stuttgart, Redaktion PONS Wörterbücher

Printed in Germany. Gedruckt auf 100% chlorfrei gebleichtem Papier

Bloß nicht!

Auch in Ägypten gibt es Dinge, die Sie besser nicht tun sollten

Artenschutz missachten

Überall im Land kann es passieren, dass Ihnen Händler Korallen, die aus Riffen herausgebrochen wurden, ausgestopfte Tiere oder Artikel aus echtem Elfenbein anbieten, zum Teil in renommierten Kunstgewerbeläden – sogar in Kairo. Es ist streng verboten, Korallenriffe zu beschädigen, selbst das Aufsammeln von Muscheln, Schnecken und anderem Getier ist zum Schutz der Unterwasserwelt untersagt. Der Kauf von ausgestopften Tieren und Elfenbein unterstützt zudem die Wilderer – unabhängig davon, ob die Aus- bzw. Einfuhr der Produkte verboten ist.

Fische ärgern

Reizen oder bedrängen Sie beim Schnorcheln oder Tauchen keine Fische, selbst wenn sie noch so anmutig und friedlich aussehen. An den Korallenriffen des Roten Meeres leben einige äußerst giftige Arten. Unfälle sind sehr selten, besser ist es jedoch, wenn Sie sich vor dem Schnorcheln in einem Tauchzentrum informieren!

Drogen

Bango nennt man das Marihuana in Ägypten, abgeleitet vom arabischen Wort für betäuben, narkotisieren. Haschisch heißt – wie praktisch – Haschiesch, mit lang gezogenem »I« und betont auf der zweiten Wortsilbe. Beide Drogen sind durchaus populär, aber streng verboten. Auf Missbrauch weicher wie harter Drogen stehen empfindliche Strafen, die selten, aber regelmäßig auch an westlichen Ausländern verhängt werden. Die Polizei führt regelmäßig Razzien durch.

Schleppern auf den Leim gehen

In allen Touristenzentren und in der Downtown von Kairo im Umfeld des Midan Talaat Harb kommt es vor, dass Sie von zumeist jungen Ägyptern auf der Straße angesprochen werden. Diese können zufällig Deutsch, haben zufällig auch mal früher an Ihrem Wohnort Verwandte besucht/studiert/gearbeitet und möchten nun mit Ihnen diese Zufälle bei einem Gläschen Tee feiern – bei einem Onkel, der zufällig um die Ecke einen Parfümshop oder einen Papyrusladen betreibt. Wenn Sie nicht mit völlig überteuerten Souvenirs und Parfüms dort wieder rauskommen wollen, die Sie am Ende aus lauter Höflichkeit gekauft haben, dann weisen Sie die Schlepper nett ab! Kaufen Sie auch nichts vor Gräbern und Tempeln, die Eingänge werden regelrecht belagert von Händlern mit Kitsch und Ramsch.